哈佛商学院投资课

EXPLORING THE ART AND SCIENCE OF INVESTING AT
HARVARD BUSINESS SCHOOL

[日] 中泽知宽 著

胡 静 译

SPM 南方出版传媒 广东人民出版社
·广州·

图书在版编目（CIP）数据

哈佛商学院投资课／（日）中泽知宽著；胡静译 . — 广州：广东人民出版社，2018.5
ISBN 978-7-218-12642-5

Ⅰ . ①哈… Ⅱ . ①中… ②胡… Ⅲ . ①投资－通俗读物 Ⅳ . ① F830.59-49

中国版本图书馆 CIP 数据核字（2018）第 043135 号

广东省版权著作权合同登记号：图字：19-2017-167
HARVARD BUSINESS SCHOOL NO TOSHI NO JUGYO
By TOMOHIRO NAKAZAWA
Copyright © 2016 TOMOHIRO NAKAZAWA
Original Japanese edition published by CCC Media House Co., Ltd.
Chinese (in simplified character only) translation rights arranged with
CCC Media House Co., Ltd. through Bardon-Chinese Media Agency, Taipei.

Hafo Shangxueyuan Touzike

哈佛商学院投资课

〔日〕中泽知宽 著　　胡静 译　　　　　　版权所有　翻印必究

出 版 人：肖风华

策划编辑：詹继梅
责任编辑：马妮璐
责任技编：周　杰　易志华
封面设计：Amber Design 琥珀视觉

出版发行：广东人民出版社
地　　址：广州市大沙头四马路 10 号（邮政编码：510102）
电　　话：（020）83798714（总编室）
传　　真：（020）83780199
网　　址：http://www.gdpph.com
印　　刷：三河市荣展印务有限公司
开　　本：787mm×1092mm　1/16
印　　张：15　　**字　数：**170 千
版　　次：2018 年 5 月第 1 版　2018 年 5 月第 1 次印刷
定　　价：52.00 元

如发现印装质量问题，影响阅读，请与出版社（020－83795749）联系调换。
售书热线：（020）83795240

培养改变世界的领导者

被视为世界顶尖MBA学府的
哈佛商学院（HBS）的教育方针

　　它是年轻商人们梦寐以求的学府，他们梦想通过商业改变世界，他们想要接受它的培养。即便在毕业后，他们也希望能够获得它的支持。它就是培养出一代代改变世界的领导者的教育机构——哈佛商学院。

　　改变世界的方法不止一种。成功的经营者、实业家，能够改变世界；给社会带来冲击的成功企业家，能够改变世界；成功的投资者，也能够改变世界。HBS的众多毕业生，都印证了它的这一教育方针。他们作为给予世界冲击的领导者，在各自的赛场上，取得了诸多成就。

　　本书从被誉为"世界明星投资者培养机构"的HBS的一个侧面着手，通过作者在HBS的体验，全方位地为您介绍了HBS所讲授的投资的精髓。

　　每年都有很多年轻的专业人士，为了能够踏上与其他HBS出身的明星投资者前辈相同的道路，叩响了HBS的大门。有过HBS经历的活跃的著名投资者，都会利用复杂的投资经营战略，或是创办向市场发起挑战的对冲基金，或是将企业自身视为投资对象，通过自己的参与提升价值，获得大有收益的私募股权基金。为了发掘下一个Facebook，他们会每天与企业家们接触，进行风险投资；他们会针对不同的投资对象与投资战略，利用"投资"这一行为进行创业。

为什么投资人这一职业会对 HBS 的学生们产生如此大的吸引力呢？从某方面来说，或许是因为它是致富的捷径。很多世界级大富豪都是对冲基金、私募股权基金的创始人或参与者，这是事实。但仅止于此吗？

我也是日本的机构投资者之一，参与全球化市场最前线的商战已有十多年。我深深地感觉到了投资人这一职业所蕴含的超过巨额财富的魅力。我在 HBS 上学期间，也曾与如今已是明星的投资者密切接触，并且每晚都会对"投资的魅力"这一话题进行讨论。之所以说投资带有魅力是因为，在经济全球化背景下出现的活跃的竞技场上，可以坚定我们面对风险时的信念，了解管理他人资本并使其资本增加的责任，体会自己目标实现时的喜悦……也许在这诸多侧面中，很难找到一个确切的词语来说明投资所隐藏的魅力，所以人们才会说投资是一门艺术吧。衷心希望您能通过本书，对投资的魅力有所感知。

日本对投资人这一职业其实也没有太深的认识。假如一说到投资人，你的脑海中浮现出的是坐在家里、看着好几台电脑进行股票买卖这样的人，那么你想到的是日间操盘手。在日本，人们也把日间操盘手称作"投资人"。但在海外，他们并不属于这一范畴。当然，海外也有日间操盘手，但他们并不被定义为"投资者（人）"，而是被定义为"投机者"。

当然，无论是投资者还是投机者，他们都是利用股票交易获取财富。金钱并不分三六九等，投资者能够赚取百万美元，投机者也能够赚取百万美元，两者之间并没有什么本质差别。

但他们在社会上所获得的尊重程度，却有所差别。特别是在海外，这种差异倾向会更明显。海外的明星投资者，所获得的尊重与企业家、实业家相当。他们通过自身的能力，在市场中发现独特的投资机会，说服其他投资者集资，并使投资战略获得成功，从而也为自身带来财富。这一成功的过程，使投资变得更有意义，这类投资者也会作为商务成功人士而受到尊重。职业投资者之所以备受欢迎，大部分是因为除被贴上了致富的标签外，还能获得这种"尊重"。

另外，海外的投资行为主要渗透在日常的生活中。日本也正在由"固定收益"养老金转变为"规定缴费制"养老金。例如，在美国，"养老金要靠自己投资储备"这一思想，是理所当然的。证券公司会开设养老金专用账户，其投资收益不交税，可作为养老金本金递增。个人如何进行金融投资，也由本人决定，既可以是单独的股票，也可以是投资信托基金。投资人可在众多的金融产品中进行自由选择。这样自然也就提升了大众对投资的关注度。

日本在开始实施 NISA 制度（小额投资非课税制度）后，大众才开始关心投资，并期待着加速从储蓄到投资的这一过程。日本是拥有个人金融资产约1700兆日元的资产大国。如何经营这一巨额资产，可称得上是国家级课题。我认为，如果国家能够有效利用这一巨额金融资产，那不仅能够增加国家财富，而且也能够给世界带来冲击。而这不仅是一个国家的话题，同时也是个人的话题。个人金融资产1700兆这一数字，终究只是每个个体集合而成的数字。只有当每个人注重投资并培养出投资能力后，国家的投资能力才会得到提升。

HBS的财务相关课程与领导力课程相比，给人的感觉有些乏味。的确，在财务相关课程中，很少出现案例分析中的主人公以及结合过去的自身经验、泪流满面地发言的同学。而在领导力课程中，这样的场景却毫不稀奇。通常人们都会认为财务与投资的知识，是作为专业商务人士必须具备的技能，是能够让你的职业前景得到有效扩展的工具。也有人说财务与投资是需要热情的领域，需要人们不断进行怀疑、思考。

在这里，作为投资界的一员，我反而要提出不同的意见。借用某位教授的话说，"财务是种浪漫"。投资的世界，是一个充满着不确定性的领域。同时，对于职业投资人来说，它也是一个能够让人获得无限成长可能性的竞技场。作为本书的作者，我希望您能通过本书，对投资的魅力有所感知，为此我将感到无上荣幸。

导　读

　　本书为您介绍 HBS 所讲授的投资术。由于投资中面对的投资对象多种多样，因此投资者的类型也多种多样。例如：

　　　　◇ 对上市股票及其衍生产品进行广泛投资的对冲基金投资者。
　　　　◇ 以非上市公司的转变为目标的私募股权基金投资者。
　　　　◇ 投资初创企业的风险资本投资者。

　　在诸多类型的投资者中，本书将重点研究主要在美国证券市场进行投资的投资者。本书也会呈现在 HBS 的课程中出现的除美国以外的其他国家的案例分析（例如日本的案例分析），但主要仍以投资于美国上市股票的资本家为案例分析对象或以其为中心进行研究。
　　这是因为与 HBS 的投资相关案例分析的对象与研究焦点大多数都

集中在这类投资者身上。当然，我们也会对以非上市股票为对象的私募股权基金或风险资本进行研究，也会有以它们为对象的专业案例，但相对较少，这与美国证券市场的规模与透明性有关。美国证券市场是世界上最大的证券市场，它确保了市场在各类高手进行切磋琢磨时的透明性，同时也累积丰富了以往的数据。作为研究对象来说，美国证券市场具有很好的条件，因此以这些数据进行案例分析或者写作论文时，品质也都会得到提升。也有很多教师专门利用这些数据进行授课，包括我在内的有志成为投资者的 HBS 学员们都对美国证券市场着迷。

另外，与私募股权基金或风险资本不同，日本的个人投资者也能参与到美国的证券交易市场中。在吸收了以这些案例分析或研究为中心的内容后，也希望大家能在切身感受到投资魅力的同时，将本书中所介绍的一些概念用于自己的投资实践中。

本书所介绍的内容，均从立志成为明星投资者的 HBS 学员的课程、案例分析、论文、课外活动等内容中严格挑选而来。

第一章介绍的是明星投资者的鉴别力。简而言之，明星投资者与普通投资者的差别，在于鉴别力。鉴别力到底是什么？为什么 HBS 会专注于投资者的鉴别力？HBS 为鉴别力下的定义又是什么？第一章主要以此为中心展开介绍。

第二章对"明星投资者培养基地"HBS 进行介绍。作为世界顶尖的 MBA，连续不断地培养出商务精英的 HBS，实际上也是明星投资者的培养基地。另外，本章也对在这一明星投资者培养基地中不断发表最前沿研究成果的教授们进行了介绍。同时，本章也能让读者了解到投资者与 MBA 之间的关系。

第三章开始进入 HBS 讲授的投资术的本质。说到鉴别力，很多人可能会觉得只要能够判断出所投资项目的方向就足够了，但 HBS 所教授的鉴别力却并不止于此。在知道投资方向的基础上，还要对"怎样投资""谁来投资""投资什么"进行综合思考，对其鉴别力进行判断。本书会在介绍 HBS 的明星教授们的研究的同时，针对这些要素，进行逐步深入的挖掘。

简言之，"投资方向"，即"控制情报的人控制投资"。情报会因获取人与解读方法的不同而产生差异。这与投资者的鉴别力密切相关。针对这一点，本书会为您介绍最前沿的研究。

"如何投资"，即"控制自我的人控制投资"。进行投资判断的流程中会产生一些差异。这与鉴别力有关。针对这一点，本书会为您介绍最前沿的研究。

"谁来投资"，即"理解动机的人控制投资"。在提前掌握由谁带着怎样的动机进行投资时，会产生差异。这与鉴别力有关。

"投资什么"，即"掌控了投资界的圣杯的人掌控投资"。运作的资金性质的不同，会产生不同的差异。在这一点上，本书会以世界首屈一指的机构投资者——哈佛大学基金的案例为依据进行深入挖掘。这一案例会在展示"投资什么"的同时，也阐明"谁来投资""怎样投资"等问题。

第四章则是介绍如何将 HBS 教授的投资术运用到大家平日的投资中。HBS 最多只是教授大家在经营或投资判断中所使用的概念而已，其使用方法还需要依靠个人而定。本章将结合第三章所学的概念以及参考明星投资者所进行的最先进的实践来介绍实践方法。

以上是本书的结构。如果您能通过本书介绍的 HBS 的投资术以及实践方法等，对明星投资者所着迷的投资领域的本质有所了解，作为作者的我将不胜荣幸。

◆ 第一章 ◆
明星投资者的秘密——什么是鉴别力

HBS 教你投资术

实践 HBS 教你的投资术

第一章

明星投资者的秘密
——什么是鉴别力

投资者的庆典

2014年5月3日（周六）清晨，美国内布拉斯加州奥马哈市。这是一个以美国中西部绿洲而闻名的市区。在市区中心的一个格调迥异的舞台上，正聚集着4万多人，他们正在期盼着本土出身的超级明星登场。

这里既不是在举办音乐会，也不是在进行体育比赛，他们只是为了听某位投资者的讲话。这种情景在世界上，也较为少见。环顾四周，你会发现这里有人西装笔挺，显然是因公而来的商务人士，但也有许多游客。

看到这样神态各异的听众，我这个从纽约乘飞机而来的日本人更想看看这场盛典了。就在此时，灯光熄灭，开始播放宣传片了。片中出现的自然是大家翘首以待的超级明星的特辑，其中有讥讽，有歌颂，有名人的污点，有欢笑与感动，最终把现场气氛推向了高潮。在影片结束时，现场观众们的期待感几乎爆棚。

伴随着现场的热烈气氛，人们期待已久的超级明星登场了。

是的，奥马哈的超级明星，就是人称"奥马哈的贤者"的沃伦·巴菲特。他出现了，查理·芒格也随之出现。如果将沃伦·巴菲特比作福尔摩斯，那么查理·芒格就是他身边的华生。他们坐在舞台中间最前面的位置，轻声与观众打招呼。在这一绝好的摄影时间里，大家将手机调成了摄影模式，纷纷对准了舞台上的两位银头发的投资者。

在两位打完招呼、全场摄影告一段落后，当天的主要活动开始了。本次的主要活动就是提问，2个人要针对3位著名金融记者、3位著名证券分析师以及现场观众提出的问题进行解答。记者们的问题，一般是从公开征集的问题中挑选出来的。人们的提问顺序，也是事先设定好的，记者、证券分析师、观众通过场馆内各处放置的麦克风进行提问，每人提一个问题，随后大家就按这一顺序在几小时内循环提问。

提问内容基本上没有限制。但有一点，就是不能提问"现在应该买什么股票，或者卖什么股票"（可针对已投资公司进行提问）。提问内容，从美国整体经济到与巴菲特和芒格两人相关的问题等，五花八门。当然，也不乏有人提出较为严肃的问题，比如，"为什么您今年投资的部分公司业绩很差""两位的接班人会怎样安排"等。

回答问题的基本上都是巴菲特，芒格只是在旁加以补充。有着"金融喜剧演员"之称的两人，就像是在说相声一样，让人不知厌倦。因而，这一问答活动竟然持续了6个小时。

两人也并不拘谨，他们有时会拿起放在身边的 See's Candies（他们投资的公司之一）巧克力，边吃边说"好吃"，然后再继续回答问题。当然，来宾们可以在会场内买到 See's Candies 等很多两人名下投资企业的商品。这种高明的销售方式，或许也是他们两人投资成功的秘诀之一。另外，他们投资的公司中还有私人飞机公司，来宾们可以到近郊的奥哈马机场，进入机舱内参观。

能够获得这一问答会入场券的唯一方法，就是成为巴菲特旗下的投资公司——伯克希尔·哈撒韦公司（Berkshire Hathaway Cooperation）的股东。

是的，这一问答会，就是股东大会的前奏。

提到股东大会，人们的印象往往是极为商业化的，但这次会议很明显与伯克希尔的股东会议不同。这应该说是巴菲特主导的一场"投资者的庆典"。

6个小时的活动结束后，伯克希尔的股东大会正式开始。这一部分本该是重头戏，但却简单收场。另外，虽然活动进行了6个小时，但股东们基本上都可以在会场中自由出入，他们可以外出就餐，然后再回来继续听讲话。

即便是在股东大会结束后，围绕"奥马哈的贤者"所展开的庆典却还没有结束。周六、周日，奥哈马市各处举办活动，到处都能看到巴菲特的身影。在巴菲特自己的珠宝店里，巴菲特本人亲自做店员，人们可以向他咨询、购买珠宝。另外，与巴菲特私交很好的微软公司创始人比尔·盖茨每年都会参加这一股东大会，人们还会看到他们两人的乒乓球对决。

巴菲特的住宅与其个人资产规模相比，显得极为贫寒，但他的住宅距离活动地点很近，而且也没有用篱笆或者围墙遮挡，只要开车到那里，就能进行简单参观。由于附近还有很多类似的普通住宅，所以要提前查好地址，否则就有可能错过。

能够带来这种盛典的股东大会，世界罕见。为什么巴菲特会成为超级名人？

如前所述，他的股东们多种多样。比如，坐在我旁边、认认真真将问答环节中巴菲特所说的每句话都输入笔记本电脑的人，是一位立志成为明星投资者的学生。他用打工赚的一部分钱，买了一些伯克希尔公司的股票作为对自己的前期投资，然后存够旅费来到了奥马哈；西装笔挺的商务人士们，则是那位学生所向往的专业投资者。来自世界各地的游客，则是出于某种崇拜而购买了该公司股票的人，我也是其中一员。

但是，参加这一庆典的股东们中的绝大多数，还是典型的"美国普通个人投资者"。他们既非美国东海岸的高薪专业投资人，也非美国西海岸的主流技术类工程师。他们是住在美国中西部地区的中产阶级，用自己辛苦攒的钱，或者通过401k养老保险制度，对伯克希尔公司的股票进行了投资。不断持股的结果是，他们的资产都在不断增加。"我已经持有伯克希尔公司的股票近20年了，每年都会和太太一起参加股东大会。沃伦是个了不起的人。他让像我们这样的普通人都变得富裕起来，这连沃伦自己都没想到。我觉得他很亲切，正是因为今后也想继续支持他，所以我和太太每年都会坐飞机来奥马哈。"

这是一位来自美国中西部以北的威斯康星州的股东的话。这代表了像他一样的"美国普通个人投资者"们的心声。

顺带一提的是，这对夫妻似乎是将我当成了毫无所知的可怜游客，于是他们亲切地向我介绍了这次庆典以及奥马哈的观光景点等。

这对威斯康星州夫妇的话，揭示了巴菲特之所以能成为超级明星的几个要素。

首先是"沃伦自己都没想到"。说到成功的美国基金经理的形象，人们就会想到像电影名作《华尔街》中的主人公戈登·盖柯那样身穿高级西装，一边坐在华尔街的高层办公室里俯瞰纽约，一边进行商务洽谈的强势模样。但巴菲特却完全不同。他在称得上是美国乡村的奥马哈买的房子，而这只是中产阶级稍加努力就能买得到的，他自己则喜欢可乐和汉堡包。另外他与芒格的交谈，就像是在说对口相声一样有趣。

在西方，社会地位很高，也依然对人和蔼客气的行为，被称为"Down to earth"（质朴），巴菲特当之无愧。虽然是富豪，但却让普通美国人感觉亲切的巴菲特，或许就是这样自然而然地成为了普通美国人眼中的超级明星。

其次，威斯康星州夫妇的话中最为重要的，就是"让像我们这样的普通人都变得富裕起来"。长期投资伯克希尔公司股票的普通美国人，获得了巨大的利益。很多人都是因为始终投资伯克希尔公司的股票，才过上富裕的生活。

沃伦·巴菲特通过对大中小企业等多种类型的企业进行投资，不但带动了美国经济，而且也让持有自己公司股票的普通人富裕了起来。同时，他毫不吝惜地捐献他的财富，也给那些与财富无缘的人们带来了巨大的影响。

可以说巴菲特是通过自身投资的成功，以多种形式改变了世界的明星投资者的代表。

什么是投资

为什么要投资——"机会之神"稍纵即逝

─────── ◎ ───────

前面已经说过，就像对我很亲切的那对威斯康星州夫妇一样，巴菲特通过让这样的普通人富裕起来，从而给世界带来了巨大的影响。那么，所谓的富裕的具体标准又是怎样的呢？或者说，像那对威斯康星州夫妇一样，长期持有股票的股东们的资产究竟增加了多少呢？

从 1965 年起，巴菲特开始利用伯克希尔公司进行投资。从 1965 年到现在，每年的运作业绩都公开在公司主页上。由此可知，假如从 1965 年到 2014 年持续持有伯克希尔公司的股票，那么其最初的投资金额会以年利率约 22% 的速度增长。如果以年利率计算不好把握的话，那么可以这样说，到 2014 年，资产就会是最初投资金额的 1.8 万倍。这是一个十分惊人的金额。

这就是俗称的"复利的力量"。以一年 22% 的年利率计算，股东的投资额只是变为了 1.2 倍，但持续投资 50 年后，他的投资额却变为了几万倍。

一定有人会觉得 50 年真是太长了吧。那么如果是投资 20 年呢？大家应该能够想象得到 20 年后的情景了吧。

如果有人从 1995 年到 2014 年始终投资伯克希尔公司的股票，他的投资额就会以年利率 12.8% 的速度增长，这样大约会增长 11 倍。

经常会听到有人问"为什么要进行投资"。这一简单的问题，实际上却非常深奥。硬要简单地说的话，那就是"通过投资，自己未来能够获得的价值会不断增加"。可能有人会觉得这是废话，但我却觉得世上重要的事情往往都是简单明了的。

当然，人们所进行的投资未必会成功。但是，如果不进行投资，则意味着你要放弃成为像威斯康星州夫妇那样能带来长期恩惠的复利的力量。尽管在短时期内，投资与否并不会有太大的差距，但如果从长期性进行比较，则会出现巨大的差距。那些失去的时间是无法挽回的。

也就是说，"机会之神"也会稍纵即逝。

投资就是增加未来能够获得的价值

就如同上文所提到的那对威斯康星州夫妇那样，他们通过长期利用复利的力量进行投资，是有目共睹的。但有人也可能会问，投资就是要买伯克希尔公司的股票吗？

说到投资，就如同投资伯克希尔公司的股份一样，很多人首先想到的都是股票。的确，股票是投资的代表形式。但是，投资并不仅限于股票形式。例如，如果你要购买住宅，那就是投资不动产。也可以说，即便是存款，也是将钱借给银行的一种投资（严格地说，存款是指对银行的"存款债权"，也就是将钱借给银行）。

从这种意义上讲，存款不过是一种投资的手段，并不能将其定义为投资本身。那么，什么是投资呢？

前面也已经说过，投资这一行为是"增加未来能够获得的价值"。

价值并不一定是用金钱衡量的。每个人所预期的价值标准会有差异。投资对象也并不一定只是金融商品。例如，年轻的商务人士为考取证券分析师资格证，购买了书籍，参加应试讲座，花时间进行学习。这是通过考取证券分析师资格证使未来收入增加的一种"自我投资"。当然，我们不仅可以投资自己，还可以通过投资他人，使自己未来的收入增加。例如，对自己期待的公司进行股份投资，就是让将来的自己能够获得这一公司产生的价值。

均衡地对自己和他人进行投资，或许是最理想的投资状态。

要让投资产生实际价值需要时间。以获取证券分析师资格证为例，即便是马上获得了证书，也不会直接加薪。但是，如果那个年轻人能够在工作中，灵活利用在这一过程中所学的知识使项目获得成功，他就会因为项目取得的成功而得到晋升。同时又因为晋升，进而担任更加重要的工作，再次取得更大的成功……以此类推，这才是通过证券分析师考试，从自我进行的投资中，利用复利的力量产生几倍的价值。

反之，如果因为短期内产生的价值不大，就马上停止投资，那么你就无法享受到复利的力量，未来所能获得的价值也会变小。自我投资、股票投资均是如此。

当然，并不是所有的投资在未来都能确实产生价值。即便参加了证券分析师应试讲座，你也未必就能通过考试；即便你得到了证书，你参与的项目也不一定就能进展顺利。通常，我们将投资在未来不能产生价值的可能性称为"风险"。承担风险，你就能够获得投资所带来的未来价值。投资的性质就是如此。

无论进行自我投资还是股票投资，其本质都是如此。

投资与投机的区别

———— ◎ ————

承担风险，获得回报，这就是投资的本质。这里我们要对与投资相似但却截然不同的内容进行一下整理。

例如，我在年末大抽奖时，购买了300日元的彩票。对于我来说，这的确可能在未来为我带来利益，而我也需要支付金钱。但是，年末大抽奖真的能够产生价值吗？如果购彩人购买了100万张300日元的彩票，那么其投资额合计就是3亿日元。如果以此作为中奖支付额，那么这3亿日元却无法再增加。

彩票最终只是将奖金池中积累的购彩人的钱大额支付给少数人的一种支付游戏，某种意义上说，这是一种财富的极端再分配。因此，它并不能使至关重要的财富蛋糕变大。也就是说，它不能产生新价值。

在彩票中，除了购彩人外，由于其他人如彩票运营团体等占有了这一蛋糕的一部分，因此，所有购彩人能够进行再分配的财富会低于3亿日元。财富蛋糕不会变大，即所谓的"零和游戏"。在零和游戏中，由于所有付款人缴纳的总金额都不会增加，因此，它只不过是将失败者的钱支付给了胜利者。

但是，投资却不同。虽然不知道是否能够做到"大家都是胜利者"，但通过投资，却可以使蛋糕变大，使赢家增多。在零和游戏中，人们不能享受到复利的力量，这与投资不同。与零和游戏的要素强烈一致的行为，还有赛马、赌博等投机行为。它们从根本性质上就与投资不同，投资并不是投机（但是，也有很多著名投资者喜欢进行扑克或者黑杰克等的投机行为，仅做参考）。

看到这里，有人也许会说："但是股票不也是零和游戏吗？"我也经常能够听到类似的评论。的确有人买股票赚钱，有人则赔钱。但股票真的是零和游戏吗？当你投资了某一企业的股票，这家企业就会用筹措到的钱，使收益提升得更多，这样股东们的财富蛋糕就会变得大于其所投资的总额。也就是说，这并不是股东之间的零和游戏，而是产生了新的价值。它并不是像彩票一样，只将钱放入奖金池中进行再分配。而由于股东可以将这些新产生的价值带来的经济利益分享给未来的自己，所以也就产生了复利的力量。

也有人会说："但是，在 A 企业和 B 企业的竞争中，假如 A 企业的竞争力提升，使公司的财富蛋糕变大，那么 B 企业的蛋糕就会变小。从 A 企业和 B 企业的所有投资者来看，这不也是零和游戏吗？"的确如此。A 企业与 B 企业合计的财富蛋糕是一定的，它有可能不会一直变大。我们假设行业整体的财富蛋糕是 100，A 企业与 B 企业在初始时，各占一半。在财富蛋糕不会变大的情况下，如果 A 企业占了 60，那么 B 企业就会占 40，这就是将行业整体的财富蛋糕进行了再分配，是近似零和游戏的状态。

但是，A 企业与 B 企业会为社会提供新的价值，两者合计的财富蛋糕就会变大，这就不是零和游戏了。例如，假如行业整体的财富蛋糕由 100 增加至 200，A 企业占 120，B 企业占 80。由于 A 企业获得了相对较大的财富蛋糕，所以看似是 B 企业有了损失，但 B 企业的财富蛋糕其实也有所变大。这与零和游戏的区别是行业整体的财富蛋糕的分配，也就是"输赢"的程度。从 A 企业与 B 企业的投资者都获得了成长这一意义上来说，两者是"共赢"的。

当然，从投资者的角度来看，A 企业从逐渐变大的财富蛋糕中，取得了更大的份额，因此他会判断投资 A 企业最好。这可以说是投资者的能力所长。这一部分是后话，会在投资者的鉴别力中涉及。财富蛋糕的整体变大，虽然与蛋糕切分有关，但如果进行分别整理，则更容易理解。

这种逻辑不仅是个人企业的基准，也是行业的基准。例如，线上小商户与经营超市等的实体型小商户，通常被划分为不同的行业，但它们之间也会存在竞争。假如在线小商户的财富蛋糕变大，实体型小商户的财富蛋糕就可能变小。即便如此，如果整体经济获得成长，那么消费带来的财富蛋糕就会变大。就像 A 企业与 B 企业的例子那样，不会出现零和游戏现象。与个人企业一样，对于投资者来说，他会看准能够让财富蛋糕变大的行业进行投资，这非常重要。

说些题外话，我想说的是，从"投资产生新的价值，使赢者增多"这一观点看，它与零和游戏截然不同。

对此问题进行反复思考，并且长期在能够使财富蛋糕变大的领域进行投资，你就有可能提升在投资中获胜的可能性，这就是秘诀。

什么是鉴别力

投资的一切都在于鉴别力

———— ◎ ————

我们接着再说财富蛋糕。个人企业的财富蛋糕、行业的财富蛋糕、各国的财富蛋糕乃至全世界经济的财富蛋糕等，财富蛋糕的范围可以一直延伸，而且现代的投资对象也同样在扩展。假如全世界经济的财富蛋糕变大了，那么我们就要投资与全世界经济成长联动的金融产品。如果全日本经济的财富蛋糕变大了，那我们可能就要投资与日本经济平均股价指数联动的金融产品。如果整个高科技企业的财富蛋糕变大了，那么我们就可能要投资高科技企业股集中的金融产品。当然，某个特定企业的财富蛋糕变大的话，我们就可以投资那家一企业的股票。

在这里，我们对世界经济财富蛋糕与各国财富蛋糕的性质加以比较。在我们的印象中，世界经济财富蛋糕包含各国财富蛋糕。在各个国家中，既有财富蛋糕快速变大的国家，也有缓慢变大的国家，还会有不变大的国家。在这些国家中，看准财富蛋糕快速变大的国家尤为重要。但是，即便是要看准快速变大，国家的经济增长率也不过是以年利率的形式增长一位数或者两位数而已。即便是增长率较高的国家，其国家经济每年也不会增长 2 倍。当然，即便每年的差距很小，长期利用复利的力量进行投资，也能产生巨大的差异，这是此前已经叙述过的。

那么，国家与企业的财富蛋糕相比又会怎样呢？在某个国家的财富蛋糕中，包含无数企业的财富蛋糕。在这一国家中，既有财富蛋糕快速变大的企业，也有缓慢变大的企业，还有企业财富蛋糕没有变大的。在这些企业中，看清快速变大的企业十分必要。这里所说的"看清变大的快/慢"的关键，基本与前面所述的"世界经济财富蛋糕与各国财富蛋糕"的比较并没有多大变化，最大的不同就是增长率。某个国家的财富蛋糕不会一年增长 2 倍，但一个企业的财富蛋糕一年增长 2 倍却并不稀奇。拿我们身边的实例来说，有些企业，就像 Facebook 一样，短期内的财富蛋糕会膨胀。

越是将这样的财富蛋糕的实例进行细化，财富蛋糕成长率的差异就会越显著。在这之中是否能找准财富蛋糕成长率高的品种，就会产生巨大的差异。再者，利用复利的力量后，这种差异还会在长期作用下成倍拉大。

也就是说，越是在财富蛋糕的成长率差异巨大的领域中，发现高成长率的财富蛋糕的能力就越会带来高价值。

那么，再次回到我们所说的超级明星身上。关照过我的那对威斯康星州夫妇说，他们投资了被大家当作超级明星的巴菲特的投资公司，而且生活越来越富裕。如果他们从 1965 年起就开始投资，那么 2014 年的财富蛋糕就会变为 1.8 万倍，如果从 1995 年起开始进行投资，那么 20 年间就会变为 11 倍。

在巴菲特每年给股东们发送的《致股东书》的第一页上，都会列出每年的资产运营业绩。在同一页上，在伯克希尔公司每年业绩的旁边，同样也会列举出每年的S&P 500（即标准普尔500指数）指数的资产运营业绩（包括分红）。所谓S&P 500就是日经平均股价指数的美国版，是合算美国500家大企业股票价格的指数。

例如，2014年对S&P 500进行投资，那么一年大约获利14%，但假如投资巴菲特（伯克希尔公司），那么就能获利约27%。再往前追溯，如果从1965年开始投资S&P 500，那么50年间的利率约为10%，累计收益为111倍；如果从1995年进行投资，那么20年间的年利率约为10%，累计收益为5.5倍。

那么，将这些代表投资成绩的数字罗列出来有什么具体意义呢？更加具体地说，就是在巴菲特的《致股东书》中出现的这些数字的真正意义究竟是什么？

我的解释是这样的：

假如我在1995年时拥有100美金。这里简化了汇率问题，直接以美元进行计算。如果将这100美元放入保险柜而不做任何投资，那么2014年时，它依旧是100美元。虽然这张100美元可能有些陈旧，但它还可以在商店里买东西。那么，相同的100美元如果投资了S&P 500又会怎样呢？如前面所说，2014年时会变为6.5倍，因此会变为650美元。同样，如果投资巴菲特（购买伯克希尔公司的股票），那么就会变为11倍，即1100美元。

我们用这一差异，说说前面提到的财富蛋糕的话题。举例来说有以下几点：

◇把钱存入保险柜的人认为，美国经济或者其他任何国家的经济财富蛋糕，都不会变大，因此他不投资，只是保留现金。其结果就是 100 美元始终还是 100 美元。

◇投资 S&P 500 的人认为，即便是在全世界来说，美国经济的财富蛋糕也会变大，因此他投资了 S&P 500。另一方面，他对美国经济财富蛋糕中的哪一个行业或哪一家企业的财富蛋糕会显著变大，并没有或者说不能做到清楚的认识，因此他没有对个体企业进行投资。其结果是 100 美元变为 650 美元。

◇投资伯克希尔公司的人相信，巴菲特能够洞察在美国经济财富蛋糕中哪家企业的财富蛋糕会显著变大。因此他不投资代表美国整体经济蛋糕的 S&P 500，而是选择将钱寄存在了对某个特定的美国企业进行投资的巴菲特这里。其结果是 100 美元变为 1100 美元。

当然，投资有风险。例如，假如在这 20 年间美国经济的财富蛋糕没有变大，那么投资 S&P 500 的投资者就可能会遭受损失。而即便是美国经济的财富蛋糕变大了，假如投资者所选择的企业的财富蛋糕并没有变大的话，投资者也会遭受损失。

综上所述可以看出，甄别哪些企业的财富蛋糕能够变大的能力价值连城。20 年间让金钱变为 6.5 倍还是 11 倍截然不同。而正是因为能够长期发挥这种能力，巴菲特才能成为超级明星。

这样我们就能够明白，为什么巴菲特每年都会在《致股东书》的第一页上列举出数字了。极端来说，这封信是在告诉读者：投资给我的人，与完全不投资的人进行比较，或者与投资 S&P 500 的人进行比较，他们的资产会增加这么多，所以你也来投资我吧。这一做法虽然简单，但却是非常有效的市场营销手段。实际上，很多人都是因为看到了这一业绩，才成为伯克希尔公司的股东，进而来参加奥马哈的庆典。

本书将巴菲特成为超级明星的能力称为投资鉴别力。拥有良好鉴别力的投资者，对 S&P 500 进行投资，就能获得更大的利益。通过利用鉴别力来获得利益，与普普通通地对 S&P 500 等指数进行投资，这两者所获得的利益的差异，本书称之为"超额盈利"。

拥有鉴别力的投资者，能够发挥这一能力从而获得超额盈利。而且如果他能够长期发挥这种鉴别力，那么就能享受到复利的力量带来的资产大增的滋味。

这样就会诞生新的超级明星。

HBS 关注鉴别力的原因

————— ◎ —————

毫不过分地说，鉴别力就是投资行业中最大的推理能力。怎样才能成为像巴菲特一样的超级明星？这个秘诀隐藏在何处？假如你能弄清鉴别力的内容并加以模仿，就会使利益获得较大提升。大多数投资者以及研究人员都在向弄清这一谜题进行挑战、创造成果，但他们还是没能将其完全阐明。

　　本书将为您介绍 HBS 进行的与投资相关的最先进的研究。而 HBS
的教授们最为关注的则是这一投资界最大的谜题。HBS 的教授们针对
鉴别力进行研究并将其成果写成论文或者案例分析，从而公开于世，
还将其传授给敲响 HBS 大门的未来的投资者。我希望能够通过本书，
打开 HBS 这一知识的宝库，并且希望能将 HBS 所传授的投资的精髓传
达给大家。

　　接下来我们就会对鉴别力进行深入发掘，在此之前请注意一
点——本书介绍的是 HBS 所教授的投资的内容。但较为遗憾的是，
在本章中出场的超级明星并非毕业于 HBS。巴菲特年轻时曾经申请就
读 HBS 未果，最终进入了哥伦比亚大学商学院，从而走上了投资这一
竞技场。

　　从这个意义上说，或许我们至少能够重新对当时的 HBS 的鉴别力
加以认识。

鉴别力的等价报酬

天下没有免费的午餐——鉴别力的等价报酬

———— ◎ ————

假如投资美国整体市场（S&P 500），20年后投资额会变为6.5倍（年利率为9.9%）。但如果具有像巴菲特一样的鉴别力，那么投资额就会在20年内变为11倍（年利率为12.8%）。两者相差4.5倍，投资额越大，两者的差额也会越大。难怪HBS会对鉴别力加以关注并进行研究。

拥有这种能力，就是捡到了宝。具有鉴别力的人（这里用A代指），会利用自己的钱，开创一条通向成为富翁的道路。但是，即便利用复利的力量，假如你手头有10万日元，那么即便A在20年间发挥巴菲特的才能，使投资额变为11倍，那也只有110万日元。资产增加的比率虽然很大，但是金额本身却并不大。这样就无法使A的能力得到充分发挥，是一种浪费。

所以我们来尝试关注"即使资产增加的比率是一定的，只要投资额越大，增加的金额本身就会越大"。A的手中可利用的资本越多，就越能够充分利用他的能力，使自己变成富豪的可能性也就越大。另外，从已经拥有了很多财富的人的角度看，即便投资S&P 500的5.5倍收益令他满意，但如果能将这些钱存放在有鉴别力的人那里，他的资本就会变为 11 倍，这样当然更会令他满意。也就是说，对 A 来说，他不仅利用自己的资产，也能利用他人的资产，如果自己在增加的一部分资产中收取一部分作为报酬，那么 A 和资金托管人都会皆大欢喜，这就是一种双赢关系。

这里的 A 充当的就是所谓的"专业投资者"。他们从普通人或者富裕阶层、企业或财团等的法人处筹集资金，通过运作这些资金来获得报酬。这就是一般人所知的"×××投资顾问"等。对 A 来说，因为要利用代管的金钱进行运作，所以要遵守某种规则。这与银行在代管接受储户的资金时也要遵守各种各样的规章制度一样。这些规章制度大多是为了保障个人的利益而存在。我们有时也会听到"×××投资顾问卷款潜逃"等新闻，为了防止此类事件频繁出现，我们才会制定这些规则。

但是，如果这些规则太过生硬，反而会有损自由投资行为，这有可能无法充分发挥 A 的鉴别力。资金委托人可能也觉得"我信任 A，所以希望能够充分发挥 A 的鉴别力"。而 A 也希望能够有一个可以让自己更加自由地利用资金、使自己的能力得以充分发挥的框架。资金代管者与委托人都如此希望，而且资金委托人（富裕阶层等）在金钱上也较为宽裕，他们也知道投资的风险（具有投资经验的企业或法人等），那么针对这些人的规章制度也许就会宽松些。因此，从多种意义上来说，"富裕"人群委托的"专业投资者"的代表，往往就是"对冲基金"的投资者。

由于对冲基金的委托人只能是具有以上背景的一部分富裕阶层人士或者是企业法人，因此对冲基金不会向个人投资者进行电视等宣传，但它却以运作全世界的巨额资产而闻名。

如果对冲基金是"能够充分利用鉴别力的框架"，那么像 A 一样有能力的投资者，自然也会想自己创办对冲基金。其实，大多数对冲基金，都是大型金融公司中的著名明星资金经理为了进行更加自由与独立的投资而建立起来的。在对冲基金行业本身已经变大的现在，师从明星投资者的年轻投资者，会利用这些明星投资者的对冲基金来积累经验，并在明星投资者的支持下自立门户，这样的实例越来越多。

　　话题回到 A。假设 A 顺利地设立了对冲基金，并从富裕阶层以及法人等处筹集到 100 亿日元，那么现在 A 就可以利用巨额资金来进行投资，他也就能够充分发挥自己所拥有的鉴别力了。将资金委托给 A 的富裕阶层或企业法人也期待利用对冲基金让自己的钱变多。不过，要想让 A 进行金融运作，并不仅仅是提供 100 亿日元就足够的。作为 A 运用鉴别力的等价报酬，他们需要支付给 A 手续费。在 A 将这些手续费当作发挥鉴别力时的所需经费包括雇佣优秀人才、租借办公室、出差费用等并进行分配的同时，A 自身也能获得报酬。

　　委托方要先支付给对冲基金委托资产的 2% 作为手续费。这时，如果委托资金是 100 亿日元，那么 2% 就是每年要支付 2 亿日元。而且投资成功后，资产委托方还要支付纯收益的 20% 作为报酬。例如，利用 100 亿日元获得了 12% 的年收益时，那么收益就是 12 亿日元。在这 12 亿日元中扣除作为手续费的 2 亿日元后，还要再追加支付剩下的 10 亿日元的 20%，也就是 2 亿日元。因此，在这一事例中，手续费为总额中的 2 亿日元与成功后获得的报酬 2 亿日元之和，共计 4 亿日元，或者说是投资资产的 4%。另一方面，作为委托人的富裕阶层或者企业法人的所得部分，就是从收益的 12 亿日元中扣除 4 亿日元手续费后所剩的 8 亿日元，或者说是投资资产的 8%。在对冲基金行业，这种将手续费定为"投资资产的 2%，成功报酬 20%"的标准手续费体系，被称为"2&20"。当然，这不过只是标准形式而已。手续费会根据委托资产的对比情况上下浮动。例如，如果是大额委托资金，那么手续费会从 2% 下调至 1.5%。投资成功的报酬也会有附加条件。例如，如果没有实现最低 5% 的收益率则不收取成功报酬等，基本上都是基于 "2&20" 进行变化的。

不仅是对冲基金如此，此前我们介绍的普通投资顾问或者投资公司等也是如此，它们大多不收取成功报酬，只在进行资产投资时收取一定的手续费。但是，当个人购买基金等金融商品时，大多需要加上销售手续费。将这些项目相加的话，委托方所负担的费用往往都会超出 2%。

那么，话题再回到 A。在此前的例子中，A 是对冲基金，假如委托 A 运作 100 亿日元的投资家们自己经营这些资产也能获得 12% 的收益，那么他们就能完全获得 12 亿日元。但假如他们向 A 支付了作为等价报酬即手续费的 4 亿日元，那么他们到手的收益只有 8 亿日元。即便如此，如果投资人自己不能对企业进行鉴别，而是选择投资代表美国整体经济的 S&P 500，那么他们只能获得 5 亿日元的收益。这样一来，即便要支付给 A 手续费，也还是将 100 亿日元委托给 A 更加合算。

现在我们对内容进行梳理一下：

◇ 鉴别力是一种价值连城的能力，明星投资者能够利用这种能力。

◇ 明星投资者为了能够充分发挥自己的鉴别力，需要自由度与独立性，因此大多都会设立对冲基金。

◇ 要利用明星投资者的鉴别力，需要支付手续费作为其等价报酬。

◇ 对冲基金的手续费行业标准是"2&20"，手续费绝不便宜。

◇ 即便如此，如果对冲基金能够如期发挥鉴别力并获得巨大的收益，那么委托方即便支付手续费，也十分合算。

也就是说，鉴别力虽然价值连城，但它依然需要与作为鉴别力的等价报酬所支付的手续费进行比较后加以考虑。例如，一般投资顾问的手续费是否合适？另外，对冲基金的"2&20"是否合适？

最为重要的一点是，复利的力量不仅是从投资中获得收益，还能够赚取手续费。也就是说，假如要每年持续支付 2% 的手续费，那么收益也会以复利形式减少 2%。这也可以说是复利的负面力量吧。

在 HBS 课程中，有关复利的负面力量也是一个重要内容。例如，在投资课上，教授会提出以下问题：

"如果巴菲特是对冲基金，那么投资者的回报会变成怎样？"

由于巴菲特并不是对冲基金，所以他的手续费体系并不是"2&20"，相比来说较为划算。例如，巴菲特的酬劳基本上是 10 万美金，这从他的资产规模上看相当便宜。如果巴菲特是对冲基金，那么以"2&20"结算手续费又会怎样呢？前面我们说过，巴菲特已经公开了至今为止的收益率，因此可以通过"2&20"进行计算。

结果如您所想。

◇ 如果拥有如巴菲特一般的鉴别力，那么投资额在 50 年间就会变为最初的 1.8 万倍（年利率约为 21.6%），投资额在 20 年间会变为最初的 11 倍（年利率约为 12.8%）。

◇ 如果投资美国整体市场（S&P 500），投资额会在 50 年间变为最初的 112 倍（年利率约为 9.9%），20 年间的投资额会变为最初的 6.5 倍（年利率约为 9.9%）。

◇ 如果巴菲特是对冲基金，按照"2&20"每年收取手续费的话，那么投资额在 50 年间会变为最初的 1200 倍（年利率约为 15.2%），20 年间的投资额会变为最初的 4.6 倍（年利率约为 7.9%）。

手续费中的复利的负面力量使资产的增加幅度大幅降低。例如，投资给巴菲特的投资额在 50 年间变为最初的 1.8 万倍，但是扣除"2&20"的手续费后，则缩小到了 1200 倍，尽管实际上这也是一笔巨额收益。另外，在 20 年间的投资中，投资额从 11 倍缩小到了 4.6 倍，结果比 S&P 500 的 6.5 倍还要少。无论你的鉴别力有多高，如果委托方的资金所得回报还比不上投资 S&P 500 所带来的收益，那么委托方为什么要支付高额手续费呢？

鉴别力有价值，有价值的东西就有价格。很遗憾，天下没有免费的午餐，尤其在投资的世界中。

商业的基础是创造附加价值后再进行享受
——鉴别力也是如此

———— ◎ ————

在 HBS，要彻底弄清楚以下的商业基本概念：

创造价值，然后捕捉价值。（Create value.Then capture that value.）

也就是说：

① 在商业上，首先要创造（Create）附加价值（Value），这是最为重要的，需要我们关注。

② 创造附加价值后，要享受（Capture）其价值的一部分。

例如，某手机公司要通过自主研发制造出同一水平、同一功能且成本更为低廉的手机。这一低价部分，就是该公司创造出的价值。该公司要享受其所创造出的价值——低价部分的价值。这里接下来要考虑的要点是，公司要在怎样的程度上享受其所创造出的价值？如果将低价部分全都作为公司利益进行享受，公司是会产生收益，但购买手机的用户却享受不到这部分价值。

"捕捉价值时的平衡"是持续开展生意时的一个重要要点。从某种意义上说，它也是经营"艺术"中的重要部分。HBS 希望能够通过几百个案例分析与实践掌握这种经营"艺术"，这就是独具 HBS 风格的教育手段。

然而，作为商务基础，HBS 告诉大家"不可以做的事情"却和上述概念中的①和②顺序相反。也就是说，在创造价值前不要捕捉价值。

以前面所说的手机公司的例子来说，如果自己没有创造出任何新的附加价值，但却依靠提升价格从消费者那里捕捉价值的话，或许短期内状况良好，但却不能进行持续的商业实践。没有创造价值而捕捉价值，就等同于在做零和游戏。如果你的投资不是零和游戏，那么你所持续进行的商业模式，就不会成为零和游戏。当然，与零和游戏相近的生意并不是没有，我们会将它们作为案例分析中的失败案例列举出来。

如果你发现了类似的生意，就果断地放弃它，这才是作为投资方的明智选择。作为投资方来说，从金钱、时间以及职业投资人的角度上看，这一选择都是明智的。

为什么我要说这一话题呢？因为刚才我们所提到的"假如巴菲特是对冲基金"的那一提问的精髓，就是HBS所教授的商业基础的浓缩。无论是巴菲特，还是前面所提到的A，他们都是在利用鉴别力创造价值。这里所说的价值，是与即便没有鉴别力也能获得的价值相对而言的附加价值，是高于S&P 500所得回报的超额盈利。A用手续费的形式以及扣除委托资金手续费后的报酬形式等，抓住这一超额盈利部分的价值。

即便是在商业上，在捕捉价值时的平衡，也是基石的一部分，投资的世界也是如此。在最具有鉴别力且能够创造价值的对冲基金行业中，以"2&20"形式出台了捕捉价值时的平衡机制。

"这真的是最适合的平衡关系吗？"

这是HBS对每个生意都会提出的根本问题。在投资这一生意上，也是一样。

为了回答这一问题，HBS的教授们正在关注并研究鉴别力——如何创造价值、能够创造出怎样的价值以及能够捕捉多少价值。

大多数职业投资者没有鉴别力？

───────○───────

投资者本身能创造价值的吗？

前面已经说过，投资者也是多种多样的，大致上可分为三种：

◇ 规则严格的投资顾问行业。

◇ 规则相对宽松的对冲基金行业。

◇ 银行、保险公司、养老金等其他机构的投资者。

第三种中的"其他机构的投资者"，基本上都是将资金委托给投资顾问行业或者对冲基金行业，因此，纯粹发挥鉴别力的只有第一种中的投资顾问行业与第二种中的对冲基金行业。当然，银行、保险公司中也有利用自身的鉴别力进行金融投资的公司。

那么，有关它们的研究结果如何呢？

很遗憾，最具鉴别力的对冲基金的管理者很少公开相关数据，因此，我们并没有多少可信度高的研究或分析资料。在规则严格的美国基金行业中，各种数据的公示是种义务，因此 HBS 的教授们能够轻松获得数据，并且通过它们进行各种各样的研究。

这些研究的结论极为简单，那就是"大部分专业投资者不具备鉴别力"。

某些专业投资者可能会在某年的 S&P 500 中获得高回报，但是连续几年都获得超额盈利的专业投资者却凤毛麟角。也就是说，专业投资者在捕捉价值前并没有创造价值。

另外，创造了价值的少数专业投资者，在扣除手续费后，基本也等同于没有创造价值。也就是说，如果有创造了价值的投资者，那么投资者会通过手续费这种方式来捕捉这一价值，捕捉价值的不是资金委托人，而是专业投资者本身。

这一研究结果在投资行业中广为人知，同时也与近几年飞速发展的被动基金有关。被动基金是指投资 S&P 500 等与指数联动的商品，就是前面曾说过的"放弃鉴别力"的商品。它们的特点是运作公司收取的手续费十分低廉。这种思考方式认为，如果不能利用鉴别力创造价值，那么就放弃鉴别力，这样无论是否能够创造价值，自己所付出的手续费都会减少。应该说这种逻辑本身是十分合理的。

那么，利用鉴别力进行的投资会不会消失？此类研究结果扩散后，或许会对使用鉴别力提升收益的投资者产生威胁。

但事实却相反。

现在，全世界的投资者都在追求鉴别力，并前所未有地将大量金钱委托给将鉴别力作为销售工具的对冲基金。委托对冲基金管理资产的投资者都是大型机构的投资者或富裕阶层。他们精通金融，即使了解这类研究成果，也不会妨碍他们进行思考。为什么他们要如此追逐鉴别力并且笃信它呢？

不确切地说，这至少和下面的一些要素有关。

正是因为这些资产委托人都精通金融，所以他们才会有"即便研究结果如此，但我有能力自己发现确实有鉴别力的投资者"这种自信。即便研究结果表明"几乎所有职业投资者都不具有鉴别力"，也并不说明"没有具备鉴别力的投资者"，只是说明他们稀缺而已。

不过，人类具有将自身的能力，尤其是在自己所在的专业领域里，进行过度评价的倾向。这是通过行为经济学的研究而得出的，因此那或许是一种过于盲信而已。而行为经济学是一门比较新的学问，它研究的是人类的"不合理性"对经济活动会产生怎样的影响。它同样也会给投资行为带来巨大的影响。在后面的第三章中我们将对此做出说明。

在委托人的自信（盲信？）下，在委托费用上出现的信息不对称也会成为理由。例如，由于基金有详细公开信息的义务，所以它很少会在获取委托费用的信息时出现差异。另一方面，对冲基金的公开情报有限，所以它极容易出现因委托费用出现差异而引起的信息上的不对称。另外，在第三章中，我们还会详述基金行业的基金经理们，他们不过是"被雇来的投资者"，因此他们的锁步意识非常强烈，他们的业绩表现也不会相差太多。另外，也有说法认为，由于对冲基金中"被雇佣的投资者"的锁步意识程度并没有那么高（并不是说没有），所以他们的业绩表现才会相差甚远。某些委托人发挥"发现具有鉴别力的投资者的能力"才会较为容易。

以上是各种学说，其中想要说明的是以下三点：

◇ 鉴别力稀缺。

◇ 研究方面也对其有些认识。

◇ 即便如此，追求鉴别力的投资者仍络绎不绝。

越是稀缺，价值就越高。如果说追求这一价值是人性的体现，那么将其剖析明了就是研究人员的本性。

在这种以鉴别力为根源的极为稀缺的现象中，像传授其他重要的经济概念那样，HBS正在通过最先进的研究案例与论文等将其传授给学生。

本书将对与这一谜团有关的最先进的研究进行分解并加以介绍。

鉴别力就是有关投资方向的判断，但 HBS 所教授的鉴别力的根源却并不仅止于此。在投资方向的基础上，我们还要对"怎样投资""谁来投资""投资什么"等进行综合考察，判断是否具有鉴别力。

我们会针对这些要素，对 HBS 的明星教授们的研究加以介绍并进行深入挖掘。

第二章

明星投资者培养基地
——HBS

明星投资者辈出的 HBS

HBS 与投资者这两者乍看起来似乎并不亲近。人们说"商学院就是培养未来经营者的地方",那么将其说成是"培养投资者的地方"又如何呢?

HBS 正如其名——商学院一样,是一个教授商业相关内容的教育机构。但是,HBS 的使命并不是培养经营者。就像我在前文提到的,HBS 的使命是培养"改变世界的领导者"。只要叩响 HBS 大门的年轻的专业人士们能够通过学习成长,就能成为改变世界的领导者,学校绝不会干涉他们在哪个领域展开竞技。

HBS 的毕业生们要成为各个竞争领域的领导者,从而不断改变世界。其中也有很多人在投资的竞技场上成了活跃的领导者,这就是 HBS 的特点。预见次贷危机、获得史上最高额利益的约翰·保尔森,掌管世界最大的对冲基金的雷·达里欧,作为积极投资者在媒体上大出风头的比尔·阿克曼,被层层面纱包围着的传说中的投资者赛斯·库拉,在企业复兴投资方面甚至是在日本也很有名的威尔伯·罗斯……这些名人举不胜举。可以说,HBS 作为世界首屈一指的投资者的培养地是十分成功的。

那么,为什么 HBS 会不断涌现出明星投资者呢?关键就是商业基础中的"供需"。

在叩响 HBS 大门的年轻的专业人士中，大多数人都是被投资者这一职业身份的魅力所吸引，他们想尽办法要在 HBS 学习必要的知识，而后构筑网络，在毕业后迈出自己职业生涯的第一步。作为 HBS 来说，学生的"需求"越大，学校在这一方面投入的资源也就越多。因此，与投资相关的教育以及研究品质也在"供给"面上得到了提升。HBS 的毕业生组建的网络，也给需要（网络的品质越高、越广，学员们想要加入的需求就越高）与供给（明星投资者抽出时间给学生，并以捐献等形式为学校提供物质，这会让供给的品质越来越高）两方面带来了巨大影响，使供需的良性循环加速，使 HBS 作为投资者的培养基地的地位屹立不动。

为什么投资者是 HBS 里
最受欢迎的职业？

那么，首先来说需求方面——我们来说说学生的职业憧憬。

在 HBS 的网站上，公开了近年来毕业生的就职方向。在媒体印象中，他们就职的行业最多的是咨询和金融行业。很多毕业生都就职于麦肯锡、波士顿、贝恩等大型战略咨询公司，同时两成左右的毕业生的工作都较为稳定。在美国，人们取这三家人气公司的开头字母，将它们称之为"MBB"。

另外，以前在金融行业就职的 HBS 毕业生占了四成多，但现在则减少到了三成。2008 年的金融危机爆发后行业的整体萎缩是其重要因素，但在 HBS 毕业生的就职行业中，金融行业依然占据了很大比重。另外，虽然面向金融行业的就职比例减少了，但这主要是因为面向投资银行等所谓的"卖方"的就业者减少了。

"卖方"来自于英语的"sell"（销售），它指的是将公司法人作为顾客，向其推销金融产品或者提供 M&A 相关咨询服务等各种金融服务的金融行业人员。另一方面，"买方"从英语"buy"一词演变而来，指的是通过卖方买入金融商品或者接受其金融服务的资本运作公司，对冲基金、私募股权基金等。

从数据上来看，买方的就职人数并没有较此前减少。例如，2014

年的数据显示，作为买方的资本运营公司、对冲基金与私募股权基金、风险资本合计的比例为 25%，超过咨询行业的 23%，成为最受欢迎的行业。

近年来，技术行业成为最受欢迎的就职行业。从苹果、谷歌、亚马逊、Facebook 等大型公司到小规模的明星企业，都很受 HBS 学员的喜爱。但是我们暂时不能判断这种趋势是否能够长久。

HBS 的毕业生之间经常谈论的话题就是就职方向，偶尔它也会成为产生行业泡沫的前期指标。参照 2007 年、2008 年的金融行业就职数据得知，技术行业的近期就业数据与此相吻合，当然也有毕业生警告大家会出现"技术泡沫"。未来会怎样，只有行到近前才能知晓，但因势利导极有价值。

HBS 的学员们就职时青睐于买方可以理解，但是他们为什么如此喜欢卖方呢？

理由之一就是 HBS 的学员们的职业背景。

HBS 的学员们，大多是大学毕业后在咨询公司就职或者历经大型投资银行的"证券分析师新人培养计划"后才进修 MBA 的。证券分析师新人培养计划，是面向新进大学毕业生的 2 年培养计划，会让新人彻底掌握作为咨询师或者投资银行职员的基础知识。在证券分析师新人培养计划结束后，这些新人可以选择继续担任咨询师或者投资银行职员，也可以选择另谋高就，但大多数 HBS 学员都会在经过这一培养后，积累 3～5 年的工作经验，然后再进修 MBA。

因此，很多 HBS 学员都至少拥有在咨询公司或者投资银行工作的经验。对于这些学生来说，他们会在考虑到下一职业阶段的基础上，去考虑自身的经验与在 MBA 所学的技能，因此他们会更加倾心于在买方就职。

例如，对于有过咨询师经验的学生来说，通过在 MBA 所学到的金融知识，他就会对需要用到管理与金融两方面技能的私募股权基金感兴趣。在私募股权基金行业中，由于经常会出现经营非上市公司、复兴企业等情况，所以给人的印象是它非常适合运用咨询与金融两方面的技能。

同时，对于有过在投资银行工作的学生来说，通过在 MBA 学习到的经营理论知识，他也同样会对需要利用管理与金融两方面的技能的私募股权基金感兴趣。另外，还有很多学生想要在 MBA 对金融方面的知识进行进一步的提炼，以进入资产运作公司和对冲基金为目标。大多数资产运作公司、对冲基金等在招聘时都需要应聘者在攻读 MBA 前的职业经历上有过从事金融行业的经验。这与有过顾问经验即可的私募股权基金行业相比，在校生就会觉得它的应聘门槛较高。因此，与资产运作公司、对冲基金等相比，私募股权基金行业则更受在校生欢迎。尽管如此，在最终的就职单位的比例上，它们依然相似，这也说明两者的就业都很困难。

说句题外话，对于咨询公司或者投资银行来说，买方成为顾客的情况很多。也有很多学生在入学时，就抱着凭借进修 MBA 前的各种职业经验（当然不包括消极经验），让自己的职业由提供服务的卖方转变为购买服务的买方。

在本书中，排除私募股权基金行业，我们只不过是以研究运作上市企业的资产运作公司或者对冲基金的鉴别力为中心展开介绍，我们还是要针对投资者这一职业受欢迎的理由发表一些看法。

HBS 层出不穷的明星投资者，构成了一个网络，并将其用于投资。对以成为职业投资者为目标的 HBS 在校生来说，这一网络本身就是其职业生涯中的有力武器。详情会在第三章中讲述，但明星投资者也会利用这个网络提升对敌人们的驾驭能力。

对 HBS 的在校生来说，他们与明星投资者的距离如此近，这是在入学前无法想象的。HBS 毕业的明星投资者会在课上的案例分析中作为主人公登场，学员们参与讨论，这是家常便饭。学校还为大家提供了在演讲会、私人餐会等人数较少的场合下与明星投资者聊天的机会。在校生们能够通过这样的机会向明星投资者学习经验以及人生观，逐渐使自己想要成为职业投资者的理由发生变动。也就是说，入学前学员们的就业理由是"希望能将自己的职业背景与 MBA 所学的内容结合起来"，从某种意义上来说，这种"逻辑"会逐渐转变为更加具有私人性且言语无法表达的投资者的"生存方式"。

这种关系对于明星投资者来说，很大程度上是一种"对后辈以及下一代进行的知识的传承"，虽然这是他们善意的一面，但这对他们来说，也有有益的一面。例如，HBS 不仅会培养投资者，还会"孵化"出众多商务精英。在校生从 HBS 毕业后，他们的成就越大，明星投资者就会在生意上与他们发生越有益的关系。也就是说，对于明星投资者来说，在 HBS 的学员身上花费时间是一种前期投资。

另外，明星投资者也在进行招募。对于经营对冲基金的明星投资者来说，其背后的团队里都是少数的精英，很多基金每年都只招聘一人或者不招人。因此，对冲基金对于 HBS 学员来说就职困难。但在这种需要（对冲基金志愿者）与供给（对冲基金职位）大幅提升的就业市场上，基金管理者也不会让人才埋没，他们会通过私人交流等方式花时间去亲自挑选并录用人才，这是一个无法令人忽视的优点。也曾听说当基金创立者是 HBS 出身的学员时，他会倾向于录用 HBS 学员，这大概也是因为以上的缘故。

HBS 的投资课程与教授阵容

目前，我们已经介绍了 HBS 是投资者的培养基地，而且明星投资者层出不穷。另外还介绍了源源不断地想要与这些明星投资者迈着同样的脚步、叩响 HBS 大门的逐渐羽翼丰满的学员。

接下来，我们会对作为投资者培养基地的 HBS 方面的"供给"——HBS 的投资课程的结构与明星教授们加以介绍。

首先，在这里对 HBS 所教授的投资课程的结构进行简单说明。

HBS 的学员第一年要学习所有科目，第二年开始变为选修。所有学生通过学习第一年的课程，能够将作为领导者的基础得到锻炼，第二年则会根据个人的职业意向来提升专业性。

在第一年，必修科目中有两门是与金融有关的。与其说这是以投资为中心，不如说它是以企业金融知识为中心。其目的是让成为企业CEO（最高经营负责人）的人清楚自己的公司需要多少资金介入，自己的企业价值几何等。套用某位教授的说法就是"CEO 要明白 CFO（最高财务负责人）所说的内容，需要对财务具有充分的理解，达到能够对财务战略的方向性做出指导的程度。更加细化的内容，则可以交给 CFO 处理"。当然，对企业价值进行合算的诀窍，对于投资来说大有用处。

众所周知，HBS 的课程是以分析案例为中心展开的。简单地说，就是学生事先研读案例分析，思考假如自己是案例中的主人公该如何做，然后大家在课堂上再对此进行讨论。教授会引导学生顺利进行讨论，引导出案例中的 takeaway（要点）。也有人将教授比喻成管弦乐队中的指挥家，反复积累这些 takeaway，当学生们在各种商务场合进行判断时，都能引导学生学会需要利用的框架。

另一方面，经常有人会问："财务、投资等科目适合做案例分析吗？"的确，在人们的印象中，与财务相关课程相伴的往往是公式与计算。但是，就像 CEO 在做出商业判断时没有答案一样，现实世界中的投资者在进行投资判断时也没有答案。正因为没有答案，所以 HBS 才不使用教材，而是以事实和数据为基础进行讨论。这种通过锻炼学生判断力的案例分析方法极为有效。

无论是对商业判断进行讨论，还是对投资判断进行讨论，都需要以事实、数据为基础，组成自己的逻辑思维并进行判断，再根据这一判断，在商业会议或投资委员会上，使他人信服。因此 HBS 的学员们会通过几百个案例分析，反复进行几百次判断，锻炼判断力。

在第二年的课程中，以成为基金经理为目标的学生们会在第一年学习的知识的基础上选修某些课程，学习 HBS 展开的有关投资的最前沿的研究。在几门与投资相关的选修课上，在校生们基本都喜欢选择致力于解开投资行业最大的谜团——向阐明鉴别力发起挑战的明星教授们的课程。

本书主要针对明星教授中具有代表性的三位年轻教授的最前沿研究进行介绍。

◇克里斯托弗·马罗伊教授。

◇罗伦·科恩教授。

◇罗宾·格林伍德教授。

这三位教授，也是曾经教过我投资课程的老师。格林伍德教授、马罗伊教授、科恩教授分别于 2012 年、2013 年、2014 年成为了 HBS 的青年名誉教授，可以说他们是 HBS 的年轻精英。担任 HBS 的教授，自然需要在自身的领域里取得很高的研究成就，但仅仅这样还不够，来自学会和教研室的支持也占了很大的比重。也就是说，作为案例分析的指挥家，他们要为学生提供高品质的教育，同时也需要获得学生们的支持。

首先要向大家介绍一下三位教授的履历。

克里斯托弗·马罗伊教授和罗伦·科恩教授，他们在很多情况下以搭档的形式进行论文、案例分析以及授课。

马罗伊教授在 2003 年获得了芝加哥大学的博士学位，后任教于伦敦大学，2007 年开始任教于哈佛大学。他从做助教时起就开始着手撰写了一篇又一篇划时代的论文与案例分析，并且这些作品大都能成为获奖之作。2013 年他升为青年名誉教授。他个子高，能够敏锐地察觉班级内的动向。他说话很快，在给学生点评时，经常会穿插些笑话，是一位坦率的老师。

科恩教授在 2005 年获得了芝加哥大学的博士学位，后任教于耶鲁大学，同样是在 2007 年开始任教于哈佛大学。他从做助教时起就与马罗伊教授共同撰写了多篇论文与案例分析并多次获奖。2014 年他升为青年名誉教授。大学时期，他曾作为举重选手代表美国跑遍全美洲。他是一位经历不凡的学者，他现在仍是举重项目的比赛选手，也经常在班级里爆料那些比赛选手的小插曲。科恩教授这样的"赛场选手"，却会在课堂上使用儿化语来打破僵局，这样的反差也使他在学生中大受欢迎。

前面已经介绍过，他们两位都在芝加哥大学获得了博士学位。在芝加哥大学，2013年荣获诺贝尔经济学奖的投资理论大家——尤金·法玛教授声名远扬。法玛教授的理论概括成一句话就是"世界上没有鉴别力"，但作为其爱徒的这两位教授的观点，却与老师的观点有些不同。也就是说，他们认为"鉴别力的确稀少，但如果能够明了构成这一稀少的鉴别力的主要因素，就可以提升鉴别力，使所获利润大幅上涨"。

马罗伊教授与科恩教授在向鉴别力发起挑战时，他们所关注的是"情报流向"和"社交网"。例如，他们正在对"哈佛关系网是鉴别力之源"这一假设进行验证。有关这一部分会在第三章中进行详细介绍。

格林伍德教授毕业于MIT（麻省理工学院）并获得哈佛大学经济学博士学位。其后他任教于HBS，2012年升为青年名誉教授。他曾经在日本定居，或许是因为如此，他也会以日本市场为研究对象，曾经执笔过众多与日本相关的案例分析。

格林伍德教授在向鉴别力发起挑战时所关注的是"人类的认知偏差与诱因"。法玛教授的经济理论全部以人类的合理性为前提，但以行为经济学为代表的较新的理论所提出的"或许未必如此"的观点却在今年开始流行起来。格林伍德教授则认为可以将其用于阐明鉴别力，他正在对诸如"由于人类进行的不合理行为，市场上才会出现一物二价"等假说进行验证。有关这一部分也会在第三章中进行详细介绍。

HBS 的明星教授们与
明星投资者的互补关系

　　马罗伊教授、科恩教授、格林伍德教授三人的共通之处，就是他们都与投资者关系良好。在与他们说话时，总会不时有明星投资者登场，可见无论公开或者私下，他们都与这些投资者建立起了良好的关系。而且在上课时所使用的案例分析中，出现的也大多是他们的好友——明星投资者。案例分析中出现的并不一定都是 HBS 毕业的投资者。而且这些人还会作为客座嘉宾登上讲台，对我们这些未"孵化"的投资者所提出的问题进行认真解答。对于在校生来说，这是最好的学习环境，同时这也是 HBS 吸引这些未"孵化"的投资者的重要因素。

　　教授们与投资者关系良好，自然是因为彼此间的人格魅力，但我认为这也要归功于双方的共赢关系。对于教授来说，著名投资者的投资行为或者构想，都能够成为案例分析的题材，或者也是作为论文题材的绝好研究材料。另一方面，对于投资者来说，尽早获得 HBS 的最前沿研究，就能进行更加有效的投资。实际上，我们经常能够看到 HBS 的教授们为自己的朋友创办的对冲基金提供建议。

　　"我们写的论文普通人都不会看。"马罗伊教授、科恩教授经常会开玩笑般地说起他们为了备课而写的论文。但是，他们又会认真地说："但是，一旦有新论文发表，我就会马上接到陌生的对冲基金打来的电话。"

明星投资者与明星教授彼此筑起了强大的关系网。对于马罗伊教授与科恩教授来说，他们正是在实践自己所提倡的"活用社交网"这一关键。这一社交网有助于明星投资者将明星教授们的划时代的研究成果发扬光大，并借此产生令人惊异的生产力。

投资者需要学习 MBA 吗?

在结束"HBS 是投资者的培养基地"的话题前,针对经常听到的"要成为专业的投资者,有必要学习 HBS 的 MBA 吗"说说我的看法。不论是我在读书时,还是在毕业后的今天,我都经常会和 HBS 的好友一起讨论这一问题。

HBS 是学习最前沿的投资知识的地方,并没有财务专业课。美国的一流大学会提供金融专业硕士或博士课程,还有些地方能够学习到更加学术的技能。另外,成为投资者不需要获得学位或执照,它与律师、会计师、医师等职业不同。与其中断自己的职业经历去学习 MBA,还不如进入资产运作公司积累经验。即便是见习也能有所成长——这一观点也很正常。

但是,如果要我列举在 HBS 考取 MBA 的优势的话,那么我认为除了能够学习到最前沿的投资知识外,还有两个优势:

◇ 能够结识并肩作战的战友,能拥有强大的关系网。

◇ 学习范围广泛的学校课程以及通过 500 多个案例分析体会经营者的眼光,并能从中培养出领导力。

关于在 HBS 获得的关系网的效用，也与鉴别力的研究有关，这会在后面有所讲述。这里就谈谈经营者的眼光与领导力。

对于投资者来说，经营者的眼光乍一看似乎与他并没有关系，但实际上却是非常重要的视点。投资者的投资对象大部分都是企业。持有股票，就能成为那家企业的所有者。作为企业所有者的股东将作为自身资产的企业的经营权委托给作为企业领导的经营者，因此，如果不能从经营者的立场去思考问题，那么你就很难成为优秀的投资者。

在 HBS，学员们会反复通过案例分析思考经营者面临的问题，锻炼判断力。是否有过针对经营者面对的各种难题进行的认真的思考、讨论与判断的经历，在投资者与经营者面对面时会立显高下。

尽管投资者与经营者立场不同，但却同属于一个专业范畴。投资者在看准投资对象的基础上，还要对经营者进行判断，同样，经营者也需要有对投资者进行判断的机会。作为企业所有者的股东以及企业领导者的经营者要眼光一致，一起奋斗，使公司茁壮成长。这对双方来说，就是一种共赢关系。

如果投资者能够以经营者的眼光去看待事物，那么企业所有者与企业领导者的方向就会一致。这从提升企业价值的角度来看也令人期待，提升企业价值与投资者的成功也就有所关联。

追求经营者的眼光的根源，就会最终找寻到领导力。

领导力与投资者看似毫无关系，但对于明星投资者来说却是必要的。因为明星投资者无论拥有多么优秀的鉴别力，都无法单凭一人之力将其发挥出来。商界的非凡经营者也并不是依靠个人的力量，而是需要构建强有力的组织，通过领导力带领组织发展。同样，明星投资者也要为了运作巨额资金而构建强大的组织，通过发挥领导力，对其进行掌控，这样才能最大限度地发挥鉴别力。

领导力到底是什么？HBS 有一门名为 *Leadership and Corporate Accountability*（LCA）的必修课。课程告诉学生"领导力就是履行责任"。无论任何职业、任何职位、任何地位，都要履行责任。这里说的"责任"不仅是法律上的，还指道义上的责任，同时要通过创造附加价值来履行责任。

也就是说，对于 HBS 而言的领导力，是一种要追求并实现法律、道义以及创造附加价值这三种责任的平衡的能力。这当然不是件容易的事。LCA 的课程会通过各种各样的案例学习来告诉你这有多么困难。正因为困难，它才会成为 HBS 的限定必修科目。

当然，单靠领导力不能成为明星投资者。但是，假如缺乏领导力也不会成为明星投资者。所以，未来可能成为投资者的学员们才会被吸引到将传授领导力为己任的 HBS 来。HBS 的课程内容范围广泛，因此才能够培养未来投资者作为经营者、作为领导者所需的多范围的视点。HBS 的使命是"培养改变世界的领导者"。没有领导力，何谈 MBA 与 HBS？

在此我还要说的是，即便你取得了 HBS 的 MBA 学位，也并不一定就会成为一流的投资者或经营者。我想传达给大家的是，在 HBS 学习过经营者课程的投资者与没有学过相关课程的投资者相比较，两者在经营者的眼光与领导力把握方面都会有差距。当然，领导力也可以在除 HBS 以外的其他地方进行培养。但能够使鉴别力与领导力同时获得提升的 HBS，绝对是最好的投资者的培养基地。

从这一点上来说，对于本小节开头提出的问题，我的回答是：

"如果你只想要成为专业投资者，那么并不需要学习 HBS 的 MBA，但它对投资者来说是非常有力的强大武器。"

第
三
章

HBS 教你投资术

HBS 告诉你鉴别力的基础

在 HBS 的课程中，教授会充当指挥家的角色，将学生的讨论引导至要学习的要点——在进行有效的商业判断的基础上，引导学生并使其掌握不可或缺的框架。但是，这依然是在判断的基础上获得的框架，并不是案例分析的答案。其实，就如现实中的商业判断没有正确答案一样，案例分析也没有正确答案。

HBS 的投资课程也是如此。教授只引导未来的投资者发现投资判断的框架。投资界与商界一样，是个没有正确答案的世界。因此，教授自然也不会直接给出"这个投资战略正确""投资这个公司正确"等"正面答案"。这样的明确答案本身就不存在。

HBS 的毕业生们要从学到的框架中获得启示，就必须要自己思考、判断并展开行动。即便是用相同的框架，不同的人也会做出不同的判断。投资、鉴别力等也是如此。

接下来要为大家介绍的，是 HBS 的明星教授们进行的有关投资的最前沿的研究，但这也只不过是一个框架。投资的"正确答案"，并不是简单明了就能得到的，任何事都不可能一蹴而就。当有人告诉你有捷径可走时，你反而需要注意。

关于如何将这些最前沿的研究带入日常投资中的话题，将在第四章中进行介绍。

在即将进入 HBS 最前沿的研究前，我还想再说一句：HBS 的课程初期使用的也是多年传承下来的传统案例分析，它巩固了这一科目的基础知识。当然，投资课程也是如此。在体育运动中，强化腰腿非常重要，在商业以及投资上也是如此。

本书希望对鉴别力的基础加以强化。在此还会向您简单介绍传承下来的鉴别力的根源。

与其关注知名企业，不如关注默默无名的企业

当你想要选择银行的理财产品时，你的标准是什么？

◇ "看过/听说过" ——影响力。
◇ "这家银行似乎不会破产" ——财务的健全性。
◇ "家附近有支行" ——存取方便。

每一项都很有道理。很多理财者都是这样进行思考的。他们会考虑银行是否有很多支行，会看看自己是否见到过银行的宣传广告或者要看银行的财务能力等。

选择投资对象也是如此。在我们要决定投资对象时，同样有选择"看见/听说过的企业""不会破产的企业""容易选取商品或者服务的企业"的倾向。也就是说，我们大多都不会选择"没听说过的企业"，而是选择"更贴近自己的大企业"。

这些基准从理财或者从某种意义上说，作为资产保值的手段可能

很有效。即便利息很低，理财者或许也会因为听说过而去购买。但是在对股票进行投资时却稍有不同。向从没听过的企业进行投资所获得的等价报酬不可轻忽。

实际上，迄今为止的研究结果表明，与投资有名的大企业的股份（大型股）相比，对不知名的小规模企业的股份（小型股：现价总额相对较小的上市股票）进行投资更能产生长期的良性收益。

这种现象的出现有多种原因：

（1）信息的不对称性

多数证券分析师或者市场相关人士都会紧跟大型股而非小型股，因此它们向投资者传递的信息也很少。而相比投资大型股，小型股则更加容易发挥有鉴别力的投资者的能力。

（2）风险不同

小型股本身具有很高的风险，因此如果投资不能获得与此相应的较高等价报酬，投资者就不会进行投资，因而其回报也会相应增加。

超级明星巴菲特在初出茅庐之时，也选择了对小型股进行投资，发挥了其鉴别力并最终取得了巨大的成功。现在，巴菲特所运作的金额规模已经过于庞大，即便对小型股进行投资，其运作金额整体所获得的回报也过小，因此他才会以大企业为中心进行投资。但假如没有这样的限制，巴菲特说他会一直选择小型股。

发现这一现象的当然不止巴菲特一人。很多基金经理也在发挥鉴别力，选择小型股进行投资。有学说认为或许正是因为如此，与从前相比，选择小型股获得的回报正在减少。

与其关注风头正劲的企业，不如关注老企业

———————— ◎ ————————

这里向大家介绍一个有关投资小规模企业的有趣统计。

HBS 的毕业生半数都会在毕业后的十五年以内创业。

在美国，在大企业内取得成功的人与创业成功的人，在社会上同样受到尊敬，而后者似乎更加令人敬佩。当然，这一统计中也包含很多早期在大企业中取得成功，后来又自己创业的毕业生，甚至有的人也可能是在两方面同时获得了成功。成功会带来更多的成功，这就像是投资中的复利原理一样。这也可以称为"成功的复利的力量"吧。

这里请大家思考一个自己已经创业的案例。前提如下：

◇ 通过自己出资、请家人帮忙等方式筹款 100 万日元，自己和家人都成了新公司的股东。

◇ 从银行贷款 100 万日元，利息是 10%（每年 10 万日元）。

◇ 两者合计获得 200 万日元，将其投入到新公司的业务中。

那么，问题来了：现在你和家人所持有的股票价值应该是多少？

◇ 假如新公司业务的价值投资金额不变，当出售这一业务时，就会获得 200 万日元（现实中可能很难实现，但这里假设有买家存在）。

◇ 200 万日元中的 100 万日元用来偿还银行贷款，剩下的 100 万日元则留给股东。

◇ 股票价格最终变为 100 万日元。

像这样，从现在所持的资产中返还贷款后剩余的价值称为"净资产"。

但是，股票的价格真的是 100 万日元吗？如果未来这项业务产生了更多的收益，那么股票的价值还会提升。

◇ 假设明年业务会盈利 20 万日元。

◇ 从盈利的 20 万日元中拿出 10 万日元（贷款 100 万日元的 10%）支付银行贷款利息。

◇ 剩余的 10 万日元留作股东获利（不计营业盈余、税款等影响）。

◇ 最终股东剩余的净资产加上盈利的 10 万日元，共计110 万日元。

市场上进行交易的股票价格，就如上例一般，是加入了业务的未来收益而形成的价格。也就是说，预计未来的净资产是 110 万日元后再决定股票的价格。因此，预计未来会获得巨大增长的企业，相较于现在的净资产来看，未来的净资产会变大，所以股票价格也会高于现在的净资产。股票价格与净资产的比率称为股价净值比，英语写作 Price-Book Ratio，简称 PBR。

在上面的例子中，假如根据市场未来的净值 110 万日元而将股票价格定为 110 万日元，那么由于现在的净资产是 100 万日元，因此用110 万除以 100 万，获得的 PBR 为 1.1 倍。一般说来，PBR 越高的公司越会在股票市场中有前景。

作为这一类指标的还有市盈率。英语写作 Price-Earnings Ratio，简称 PER。它与 PBR 只有一个字母之差，因此经常容易被混淆。这一指标指的是股价与获利（PER 中的 E）的倍率。在这一事例中的获利是 10 万日元，股价是 110 万日元，所以用 110 万日元除以 10 万日元，市盈率为 11 倍。与 PBR 一样，市盈率高预示着其未来的市场收益会提升。

在评价投资对象时，PBR 和 PER 作用显著，但同时我们也要清楚两个指标的限度，这样才能更加有效地利用它们。由于 PER 以当年的获利为基础，因此有些公司可能会出现没有获利或者获利并没有增加的情况，对这样的公司无法利用它做出判断。PBR 也如此，如前面的例子那样，在计算时必须要计算出某一节点的业务的清算价值。但是，即便说要"计算出卖掉全部业务所得的价值"，也很难在现实中得到精准的数据。

PBR、PER 与市场平均值进行比较后，数值相对较高的大多都是市场关注度较高的热门企业。作为市场上的"明星"，它们的未来具有高成长率。股票市场也可以说是企业的"人气投票"场，投资者购买股票，就是在参加这一人气投票。得票率高的企业的股票就会被买走，因此股票价格上涨。颇具人气的"热门股票"达人说一句"股票正在涨"，人气聚集的热门企业的股票就会真的上涨。

那么，PBR 低于市场平均值的企业又是怎样的企业呢？单纯就与 PBR 高的企业相反的企业来说，那就是非热门企业，但这也是就某种程度而言。例如，如果企业经营的是成熟产业，那么其在未来获利的成长曲线自然就会变得平缓。由于此时它的未来价值很容易估算，因此这也成了其股价稳定的重要原因。也就说，PBR 低或者成长曲线平缓，对于投资者来说未必完全不好。

PBR 有时也会低于 1。PBR 低于 1 时说明现在的股价低于净值。这预示着市场认为这家企业未来的价值（股价）会低于现在的价值（净值）。

这是 PBR 低于 1 时的例子。两种低 PBR 的股价的最大的区别，就是未来是盈利还是亏损。

◇假设年初净值为 100 万日元。

◇预计业务在明年会出现 20 万日元的损失。

◇支付银行贷款利息（10%）10 万日元。

◇损失的 20 万日元与支付利息的 10 万日元从净值中扣除。

◇最终股东所剩的纯资产，就是扣除损失的 20 万日元与支付利息的 10 万日元后所剩的 70 万日元。

如果市场预计这家企业的净值会下跌，并且以其为基础确定股价，那么股价就是 70 万日元。因为现在的净值为 100 万日元，所以其股价值比就会变成 0.7 倍。也就是说，当 PBR 小于 1 时，就说明这家企业别说企业未来的成长了，就连净值都有可能下跌，是高风险企业。

重新回顾以上内容：

◇高 PBR 企业是预计会出现高增长率的热门企业。

◇PBR 在 1 附近徘徊或者不高的企业或许不是热门企业，但却是能够预计业绩会平缓增长的企业。

◇PBR 低于 1 的企业不但不会成长，而且是连净值也会下降的高风险企业。

但是，由于股票市场并不是万能的，因此股价自身也可能会出错。巴菲特说："价格用以支付，价值用以享受。"价格与价值不同。在股票市场上，很有可能会把某企业价值的价格弄错。例如，PBR 高的企业未来不一定就会成长到预计的程度，而 PBR 小于 1 的企业也有可能并没有如其股价所示那般损失净资产。股价不过是"人气投票"，无论积极还是消极都有可能出现偏差，而这也正是发挥鉴别力的机会。

我们一般将 PBR 高且预计未来有高成长率的企业的股票称为成长股，而 PBR 低的股票则称为价值股。投资行业经常会使用诸如"现在是该投资成长股还是价值股"等相对概念。

现在我们开始进入正题。在此之前我们一直在研究价值股与成长股，它们哪一个的表现更好呢?

答案是价值股。长期低 PBR 的股票要比高 PBR 的股票表现更好。此种现象的原因多种多样。

(1) 高 PBR 股的价格变动

越是热门企业，其股价就越容易出现变动。也就是说，人们能够认清非热门企业的成长率，但是却很难认清热门企业的成长率。

(2) 低 PBR 股的价格变动

PBR 小于 1 的企业，在市场的"人气投票"中，是不受投资者欢迎的企业，这些企业的成长率往往会被市场预估得过低。

(3) 风险不同

PBR 过低的股票，出现净值亏损的可能性很高。因此，即便投资者非常想投资这只股票，如果他所获得的等价报酬并不高，那么他也不会进行投资。相反，往往风险大的股票回报也会越高。

从这一研究成果上看，大多数投资者都会选择投资价值股，我们熟知的巴菲特就是价值股投资者的代表人物。

长期来看，价值股的表现要好于成长股，但在短期内，这种关系有时也会逆转。例如，20世纪90年代后期，是美国的IT泡沫时期。那时，以热门IT企业为中心的成长股的表现，远远好于价值股。IT泡沫破灭后，热门成长股开始大幅跳水。

与其关注股票价格没有波动的企业，
不如关注有波动的企业

前面已经说过股票是"人气投票"。在股票市场上，随着企业人气的上升，其股票在短期内上升的趋势也会增加。股票表现良好而渐受欢迎时，它的人气就会逐渐被带动起来，但很多时候也会因某种契机而急速下滑。

迄今为止的研究表明，对这种有趋势的企业进行投资，其表现要好于没有趋势的企业。享受这种趋势效果的股票就是"趋势股"。

有时投资者容易把趋势股与前面介绍的成长股混淆。大多数趋势股同时也是成长股。因为市场上成长率高的成长股容易聚集人气，一旦时机成熟，就能够轻易创造出股价上升的趋势。

但是，并不是所有的成长股都能叫作"趋势股"。价值股也会因某种机会而引爆人气，导致股价的上升率提高，那么它也同样能够成为趋势股。例如，媒体报道了巴菲特要投资某只价值股，结果这只股票人气爆棚，并因此从价值股变为了趋势股。而原本被业界认为有潜力、表现良好的股票，则会极速下滑，也有可能是在极度低迷时出现逆转。

趋势效果出现的原因，还没有人说得清。只要股票在上周或者上个月开始提升，那么企业的股价就有可能在下周或者下个月提高——要明确说清这种逻辑非常困难。在研究员们所列举出的原因中，最有力的就是"人类的不合理性"。如果所有人都依靠合理性展开活动，就不会出现这些现象，但事实却并非如此——这些看起来像是无法说明的现象却会实际发生。有关这种"人类的不合理性"给投资带来的影响，会稍后在本章中进行详细说明。

以上，我们对小型股票、价值股以及趋势股这三种鉴别力的来源，进行了解说。它们始终都是在研究中逐渐被"查明"的鉴别力的根源。可以说它们是鉴别力的基础部分。

接下来我们要介绍的数个最前沿的研究，都是在这三个效果存在的前提下展开的，只有提升这三个效果的附加价值，才能成为研究成果。

例如，某位研究人员要对有关投资者鉴别力的候选根源 X 的假说进行验证。他会大致按照以下流程进行——整个过程与理科的实验很相似。

　　◇ 对具有鉴别力候选根源 X 的投资者 A 组与不具备此要素 X 的投资者 B 组的投资表现进行比较，尽量使 A 与 B 在除要素 X 以外的其他条件上都相同。
　　◇ 假设 A 与 B 投资表现的比较结果，是 A 较为优秀。

◇ 对 A 优秀的原因进行分析。首先必须要验证小型股、价值股、趋势股是否掺杂在原因中。如果有掺杂现象，那么要将其排除，还要排除掉除特定候选根源 X 以外的其他因素。

◇ 这样就能测算出在 A 的表现好于 B 的因素中，候选根源 X 所发挥的作用。如果通过这一过程能够证明候选根源 X 的贡献度大有意义，那么就可以提出把 X 作为鉴别力的根源的主张。

接下来，我们就要对通过这一过程所进行的最前沿的研究加以介绍。

从 HBS 的最前沿研究开始学习（一）

"投资方向"——控制情报之人控制投资

情报会因获取人的不同而产生差异

———◎———

说起鉴别力，首先在脑中浮现出来的就是决定投资方向。决定投资哪一方向时的鉴别力的根源中，关键的是情报的获取方法和解读方法。控制情报之人控制投资。

首先说说情报的获取方法。

1. 情报要亲自整理

"情报就是生命。"

大家可能都听说过这句话。它是适用于商业、政治、体育等多方面的万能格言。当然它也适用于投资。

那么，说到情报的重要性，大家是否看过美国的一部知名电影《回到未来》？那是围绕车形时光机展开的一个个情节。在它的第二部中，主人公马丁的天敌毕夫获得了体育年鉴，并将它成功交给了过去的自己。如果马丁回到未来，那么过去的毕夫就会把这本未来的体育年鉴用在赛事、赌博上，并在未来成为大富豪。于是马丁利用时光机再次回到了过去，打算拿回这本年鉴。

虽然投资不是赌博，但两者相同的一点是，假如我们能够预测未来，那么我们就会成为大富豪。不幸的是，人类还没有发明出时光机，所以我们还不能像毕夫那样获得未来的情报（例如二十年后的报纸）。但是，利用市场成为富豪却并不需要预知二十年后，只要你能够先于市场了解到可能会影响股价的重要情报就可以了。而且如果你能根据这一情报购买股票，那么你就能够确实获益。

那么，这里的"重要情报"具体是指什么呢？用一句话来说，就是"使股价产生巨大波动的先期情报"。如果给它下定义，就会变成"先有鸡还是先有蛋"的问题，所以这里用具体例子来说明。

◇ 决算的先期情报。

◇ 新产品的先期情报。

◇ M&A 的先期情报。

◇ 官方许可的先期情报。

◇ 不良事件的先期情报。

◇ 经营层更迭的相关先期情报。

这些情报自身就能够使企业的股价发生巨大的波动，因此它们是企业中只有少数管理者才能够了解到的情报。与此相关的人士称为"知情人"。只有他们才知道的未公开的重要情报称为"知情人情报"。

我们偶尔会在新闻上看到有关企业高管因涉嫌内部交易而被捕的消息。内部交易属于违法行为。内部交易是指身为企业高管的知情人利用只有自己知道的内部情报，为获取个人利益而进行的金融交易。例如，某企业的管理层事先获得了"本公司的决算大幅高于市场预期"这一尚未对外发表的情报，那么如果因此而大量买入本公司的股票，并且在决算公布、股价上升后卖出，就会获得巨大利益。

内部交易违法的原因之一，就是要保证"投资者对市场的信任度"。由于这些情报除知情者外，其他市场关系人在事前都不得而知，因此这一情报的交易存在极度的不公平，没有投资者会想在极度不公平的交易市场中进行交易。体育比赛也是因为有一定的规则才会受人欢迎，市场也是如此，正是因为它能够确保信任度，所以才能够成为吸引人来交易的地方。

知情人利用重要情报自己进行交易或者透露给第三方的行为都是违法行为。那么，如果是投资者自力更生获得的情报呢？

例如，如果出现以下两种情况呢？

（1）预想与某一企业相关的 M&A

◇假设有对冲基金正在讨论对某技术公司 A 社进行投资。对冲基金的投资负责人对 A 社社长此前的所有言行都进行了单方面的确认，从中解读出 A 社似乎有收购其他技术公司的打算。

◇假设投资负责人通过该公司此前的模式进行定量分析，预计能和 A 社合作的是 B 社与 C 社，而 C 社的股价比较便宜。

◇通过经济杂志上的情报得知，C 社的社长与 A 社的社长是同学，两人关系很好。

◇A 社社长同意与投资负责人进行面谈。但是，在与 A

社的面谈中，投资负责人只是获得了极为一般的信息。当他感觉毫无收获准备离开 A 社时，却与两个感觉面熟的人擦肩而过。回到办公室后，他才确定那两人是 C 社的社长和著名的 M&A 银行家 D。

◇ 投资负责人将这一系列事件联系起来得出的结论是，近期 A 社有可能会并购 C 社。投资负责人计划不投资最初预想的 A 社，而是投资因为并购而有可能股价上涨的 C 社，因此该对冲基金实施了这一投资方案。

◇ 投资开始后一个月，A 社与 C 社共同召开了记者发布会，宣布并购 C 社。受并购价格影响，C 社股价上涨 40%。

（2）预测决算

◇ 假设有对冲基金正在讨论进行小规模零售企业 X 的空头交易（股价下降，收益上升）。

◇ X 社的销售额大部分来自于该社的三家旗舰店。

◇ 该对冲基金的投资负责人动员了自己小组中的所有成员对这几家旗舰店进行了为期一个月的现场调查。具体调查内容是来客数量统计、现金流情况、对来客进行采访等。（题外话：听说别人在对冲基金工作可能会感觉很好，但假如是在对冲基金中担任负责人，那么像这样因为工作而要兢兢业业地到处奔波的情况并不稀奇。他们会在各行各业间奔波，非常辛苦。）

◇ 一家旗舰店受到了隔壁的对手店铺因成立 50 周年而进行为期一周的大酬宾的影响，故此本周生意清淡。在对另一家旗舰店进行调查时则听说大型企业 Y 社要在当地站前开店。在向当地不动产公司打听后得知，这段时间的确经常有穿着职业装的顾客来询问可做大型零售店的地点。

　　◇投资负责人以这些获得的资料为数据，并与此前 X 社的决算模式相对照，利用自己开发的模块预测 X 社在一个月间的销售额和利润。在将此数据与该公司发表的下一个季度的决算预测进行对比后得出，公司的预测值高于自己所得出的计算值。而且该公司对明年的预测也过于乐观，它并没有考虑到大型 Y 社的加入。X 社是小品牌，只有一位证券公司的证券分析师对其进行详细跟踪。这位证券分析师的预测与公司预测相近，市场也以其预测为基准确定股价。

　　◇这一系列的分析结果带来了以下两个契机——"在下季度的决算发表时，该公司的决算会大大低于公司预期""Y 社将会宣布在站前开店"。通过这些就可以建立起 X 社股价会大幅下降的假说。以这一假说为基础，投资负责人决定对 X 社采用空头投资战略，该对冲基金实施了这一战略。

　　◇实施了这一战略后，在下一个季度决算发表时，X 社的决算远远低于公司的预测。X 社只以竞争激烈为由做了解释，但投资负责人进行的事前分析已经说明了其原因。发表的决算结果导致 X 社的股价下跌。

　　◇几周后，本地报纸刊登了大型 Y 社即将在站前开新店的消息。X 社的股价再次下跌。

这两位投资负责人都是以自己实际获得的情报为基准建立了假说。M&A 以及决算中的消极因素等都有可能成为重要的情报。而他们则以这些情报为基础进行投资，结果都获得了巨大的收益。与刚刚所介绍的知情人交易不同，这种方式并没有不公平，而且也不会有任何违法行为。实际上，市场也要通过这种方法来捕捉信息。

例如，在第一个事例中，假如投资负责人不单独进行以下行动，就不会获得重要情报。

◇ 社长在媒体上的发言。
◇ 根据过去的决算情报进行公司模式的定量分析。
◇ 通过杂志获得的两位社长关系良好的情报。
◇ 告辞时的偶遇。

但当这些谜题全部解开时，就会得出"A 社与 C 社会进行并购"这一重要情报。

第二个事例中，因为投资负责人收集情报，并对这些情报进行了分析，所以才会得出"决算会远远低于预测"的重要情报。而像"其中的一家旗舰店有一周生意清淡"的情报，是邻近的消费者都能获得的情报。

像这种极个别又不重要的情报，加上以此为基础进行的分析，分析者就有可能获得某些重要情报，这被称为"马赛克原理"。这一词语源于将各种花纹组合起来进行装饰的手法——"马赛克"。这与知情人交易中的取巧不同，是利用自身的能力所获得的情报，市场认同这种通过推理对假说进行验证，并由此使投资收益提升的做法。这样不会有损市场的信任度，还能给予投资者对投资目标进行认真分析的动力。

如本章开头所述，对于投资者来说，情报就是生命。无论是运作几千万美元的对冲基金，还是对于个人投资者来说都是如此。如何收集适宜的情报，并对其进行个人分析与解释，通过马赛克原理接近重要情报，就是投资者获得回报的关键。

2. 在本地寻找投资对象

发挥鉴别力的投资者，能够自己获取情报，能够先于他人取得优势。另一方面，投资兑现正在扩展到全球。即便能够获得情报，我们又要从哪里入手更好呢？

这里我们不谈投资，只是聚焦于情报。说起大家掌握最多的情报，在你脑海中想到的是什么？举例来说的话，应该是与本地相关的情报吧。外地朋友到本地来玩，一起进餐时选择餐厅的人是谁呢？当然是住在本地的你！

HBS 的日本在校生，每年都要开展"日本之旅"。在每年的活动中，组织者都会带领几十名或者一百多名在校生去日本，这是一个年年都受欢迎的企划。这个企划中的日本留学生们会接到平时想象不到的朋友们的委托。当然，HBS 的学生们会通过网络等获取信息，也会提前指定想要去的地方并安排好工作人员，但对本土出生的日本留学生们来说，他们的情报量还是相当不足的。

在投资世界，有鉴别力的投资者会关注本地，这也就是所谓的"本土偏好"现象。根据 HBS 的佐治亚·科巴尔教授对美国的基金经理进行的研究，我们了解到以下内容：

◇ 与其他国家的投资对象相比，投资者更加喜欢选取本国的投资对象。

◇ 即便是在本国进行投资，也喜欢选择距离自己公司更近的投资对象，尤其喜欢离自己近而且规模比较小的投资对象。

◇ 即便是在自己运作的投资组合中，距离自己的所在地较近的投资对象的表现也要好于距离较远的投资对象。而且

基金经理的以下要素越强，这一倾向就越强——运作的基金
规模小，基金经理经验丰富，投资组合中的品牌少，基金经
理的所在地较为偏僻。

也就是说，基金经理喜欢在本地寻找投资对象，而且选择的本地
投资对象的表现都很好。

通过这一研究，科巴尔教授认为，基金经理在获得本地情报时，
可能更具有优势。另外，获得这一情报的不对等原因之一可能是本
地存在的社交网。例如，假设本地企业的社长住在基金经理附近或
者他们的孩子是同学等，因此基金经理能够优先收集到本地情报。

科巴尔教授认为，通过社交网所产生的情报的不对等，有可能是
投资者产生鉴别力的根源。但是，社交网的形态多种多样，只要人与
人产生关系，就会出现社交网。

而且，作为科巴尔教授学弟的马罗伊教授和科恩教授，在将几个
形态各异的社交网作为研究对象进行关注时，他们特别关注的形态则
是学校社交网。其中正在受到瞩目的是通过毕业院校而产生的社交
网，接下来我们对此进行介绍。

3. 活用社交网站

（1）毕业院校决定了投资成绩？

马罗伊教授与科恩教授正在关注毕业院校的社交网与鉴别力的关
联性。这一内容此前也有人进行过研究。

经常听到有人说"日本是学历主义"，我也不知道这是否正确。
但是，从我在日美两国居住的感觉上来说，我认为美国的这一倾向更

大。在美国，要想在企业或者政府机构获得晋升，单凭本科学历还不够，还需要获得硕士学位。过去也有很多人推荐我去报考可作为商务人士职场阶梯的MBA，但并不是所有商业都需要MBA。例如，我的一个美国朋友在本地的一个城市里做教师。在她做了教师后，为了获得学校内的晋升与加薪机会，她又攻读了教育系的研究生以获得硕士学位。

在美国这样的社会里，"毕业院校与成功的关系"也是人们非常关心的主题。在美国的媒体上，也经常能够看到在日本经常看到的"社长毕业院校排名""各大学就业地点排名"等。

研究人员不可能不去关注社会上如此关心的主题。耶鲁大学的朱迪斯·谢巴列教授与MIT的古伦·艾里逊教授（原哈佛助教）的论文，是针对投资行业内的这一主题进行的代表性研究。两位教授利用在美国投资信托行业工作的基金经理们的公开数据，对毕业院校（院系）与投资成绩的关系进行了分析。

这一研究表明，基金经理毕业大学的偏差值越高，投资成绩就可能越好。这里所说的美国大学的偏差值，是指各大学新生的平均SAT总分。SAT是美国院校的入学统一考试。

这一研究结果被投资行业称为"SAT效果"。在投资公司中，有些公司会据此要求求职者填写SAT分数。同样，也有公司要求MBA毕业生提供研究生入学统一考试GMAT成绩。

那么，怎样解释这一研究结果呢？两位教授建立了以下假说。

① 能力与适应性。

毕业于偏差值高的大学的基金经理的思维、沟通能力好而且勤奋，这些与鉴别力密切相关。

② 社交网。

由于金融业或投资对象中也有很多人在偏差值高的大学毕业，因此毕业于偏差值高的大学的基金经理可以通过这一社交网获取鉴别力。

③ 所属地。

毕业于偏差值高的大学的基金经理，隶属于能够轻松发挥能力的基金。这与鉴别力紧密相关（规模大且支援、激励体系健全的基金）。

实际上，以上三点哪一种都有可能，而且在现实世界中，它们三者共同作用的可能性很大。

在这一研究结果的基础上更进一步研究，阐明投资成绩与毕业院校的社交网的关联性的人，就是马罗伊教授与科恩教授。

（2）证券分析师与企业董事的社交网

即使是"在投资界中检验以毕业院校为基础的社交网"，其所涉及的对象也多种多样。投资界中有各种各样的参与者。其中，马罗伊教授与科恩教授最先关注的是证券分析师与企业董事的关系。

金融行业中有证券分析师这一职业，简单来说，就是"分析企业，推荐投资者是否购买其股票的专业人士"。证券分析师不过只是"推荐"股票，实际采取行动的则是投资者。这一工作类似于咨询师。

证券分析师的主要产品是制作面向投资者的调查报告。例如，当自己的目标企业发表决算时，证券分析师要整理其内容并进行分析、推荐，有时也要进行企业走访、董事访谈等。由于读取报告的投资者十分忙碌，因此报告的要点要简洁、易懂，有时还要"有趣"。报告既然是读物就要具有可读性，因此证券分析师也有着记者的职能。大多数证券分析师都会以规模大且市场关注度高的企业为目标，而小企业或边缘产品有时则只有一位或者没有证券分析师关注。

对证券分析师的评价取决于他的"推荐情况"。也就是说，对他的评价取决于他是否能够以推荐的形式发挥鉴别力。不断进行正确推荐的分析师，自然会有投资者不断成为他的粉丝。而粉丝多的分析师则会成为明星分析师，在业界获得一席之地。

证券公司、投资银行也会为了能够给顾客意见而将提升证券分析师的能力作为重要课题。例如，在投资者对购买汽车行业的股票进行讨论时，如果自己的公司内就有关于汽车行业的明星证券分析师，那么证券公司、投资银行就会为投资者制定高品质的投资战略。其结果是，投资者会通过自己的公司来实施这一投资战略，那么公司还能够收取手续费。

因此，投资行业内需要大量的明星分析师。他们还可能会因自己的专业性而被对冲基金高新聘请。不仅是推荐，实际上也有很多人打算利用自己的想法获取地位，也有人会自己成立基金。

在证券分析师看来，自己的附加价值是"如何利用个人独特的分析方法，通过推荐发挥鉴别力"。验证证券分析师的鉴别力与毕业院校的社交网的关联性的，正是马罗伊教授与科恩教授的研究。

这里列举两位教授的研究中的例子。

　　◇证券分析师 A 在同时关注美国的 X 社和 Y 社。
　　◇证券分析师 A 毕业于哈佛大学。
　　◇X 社的董事（这里为了方便，"董事"代指会长、社长、财务负责人以及其他董事会成员）也是哈佛大学毕业。

　　◇Y社的董事毕业于耶鲁大学。

　　◇证券分析师A对X社和Y社的股票给出的建议都是买入。

　　这里就产生了一个问题：作为投资者，你应该投资X社还是Y社呢？

　　根据两位教授的研究，答案很明确——投资X社。因为证券分析师A和X社的董事同是哈佛大学毕业。但是，这里的重点不是哈佛大学，重点是两人毕业的大学相同。因此，例子中的"哈佛大学"可以换成任何其他大学，所得结论也是如此。

　　两位教授的研究得出的结论是，在证券分析师推荐买入的企业中，如果有的企业中有与该分析师同校毕业的董事，而有的企业则没有时，那么投资前者其表现会更好。也就是说，即便是在证券分析师十分自信地进行推荐买入的股票中，他也会对有同校毕业的董事的企业发挥鉴别力。

　　两位教授以这一研究数据为基础，指出美国金融行业存在以毕业院校为基础的社交网。其假说如下：

　　◇在证券分析师A看来，由于X社的董事与自己同校毕业，因此与其他公司（此时是Y社）的董事相比较易接近，很可能会成为熟人。

　　◇董事自然会掌握很多与公司状况相关的情报。在成为熟人后，证券分析师就能够向他询问很多事情。这些信息虽然不能成为知情人情报，但这样也会增加分析师掌握了解企业、进行分析时所需的有利情报的机会。

◇因此，X社的企业分析精准度与Y社相比会大增，推荐的可信度也会提升。

针对这一结论，可能有人会问："美国公司的董事都是50岁左右的人，而证券分析师大多30～40岁。两者有这么大的年龄差，他们能够构筑起社交网吗？"

实际上，在我上学期间，班级里也曾对这一问题进行过讨论。虽然意见不一，但却有以下结论：

◇年龄差一般会成为构筑社交网的障碍之一。
◇利用同一大学毕业这一共通点会消除这一障碍。
◇同校毕业生的效果要比你所想象的还要大。

对于HBS在校生或者年轻的毕业生来说，拜访活跃于各界的前辈毕业生，会比所想象的还要顺利。当然，这也取决于毕业生自身，但只要新生以"想和您聊聊"进行联系，大多数毕业生都会在百忙之中抽出时间与他们见面。或者说，他们也很可能像前面的例子那样，在业务上会与自己产生重大关系的专业同行（证券分析师与目标企业董事）建立良好的关系。

另外，这一研究中令人颇感有趣的是，社交网与鉴别力的位置关系，能够在证券分析师推荐买入产品时观测到，但是却不能在推荐卖出时观测到。也就是说，即便是对推荐卖出的产品数据进行了分析，它也不会像前面所说的X社与Y社的投资回报那样有什么不同。

这一现象有着各种原因。

◇ 作为 X 社的董事，他往往不想说公司的消极因素。

◇ 证券分析师 A 虽然听到了积极与消极的两方面情报，但是顾虑到 X 社的董事，他会只参考积极情报而略过消极情报。

这毕竟只是假说，但却很有意思，不是吗？

这一话题到此还没有结束。这一研究相关数据的观测期，是 1993 年至 2006 年。在 2000 年时，美国金融当局实施了名为 "FD（Fair Disclosure）规定" 的法律。此规定严禁公司董事单独向一部分市场相关人员公开情报。如果只有一部分市场相关人员得知了重要情报，那么董事需要在 24 小时以内通过发布会等形式通告整个市场。

由此我推测，在 FD 规定颁布之前，或许经常会有某些证券分析师给董事打电话，频繁地询问 "最近怎么样"。作为构筑了校友社交网的同行们来说更是如此。"这一季度的决算很好啊。销售额预计上涨 20%" ——这样的内容如果是第一次公开，那么就是知情人情报，因此他们可能会回答说 "嗯，情况很好"。可以想见，由于 FD 规定的实施，证券分析师与董事对此类对话会更加谨慎。

两位教授也在 FD 规定实施前后的时间内分别进行了分析。在同一研究中，将验证期限定为 FD 规定实施前时，前面例子中投资 X 社所获得的超额盈利会进一步提高。而将验证期限定为 FD 规定实施后时，证券分析师的表现却没有再提升。这说明在美国的金融行业中，存在以大学为基础的社交网，通过这一社交网能够获得平时得不到的情报，它会对股票价格的形成产生影响。而我们可以通过有效的措施来避免这一机制生效。

我们说过，在这一研究的例子中，证券分析师 A 和 X 社的董事无论毕业于哪一所相同的大学都不会影响结论。但是在用以验证的数据中，大多出现的同所毕业院校就是哈佛大学。排名第二的大学与其几乎相差 2 倍。由此可以感受到在投资行业中哈佛社交网的庞大。

（3）投资者与企业董事的社交网。

马罗伊教授与科恩教授接下来关注的，是投资者（基金经理）与企业董事建立社交网的可能性。和证券分析师与企业董事之间的社交网一样，认为基金经理与董事也能产生相同关系的两位教授，对后者进行了同一概念的研究。

这里再来举例说明。

　　◇基金经理 A 要对同一行业（例如制造业）的 X 社和 Y 社进行投资。

　　◇A 是哈佛大学毕业。

　　◇X 社的董事（和前面相同，这里的"董事"代指会长、社长、财务负责人以及其他董事会成员）也是哈佛大学毕业。

　　◇Y 社的董事是耶鲁大学毕业。

那么，得到这些情报后，大家会投资哪家公司呢？

大家已经知道，根据两位教授的研究，相比投资 Y 社，投资 X 社获得的回报会更高。和有关证券分析师与董事的研究相同，即便将哈佛大学换成其他学校也会得出相同的结论。拥有相同的大学社交网是其中的关键。

在这一研究中，两位教授又对社交网的亲密度进行了一些验证。两位教授将基金经理 A 与董事的关系进行了以下划分，并对各种关系进行了验证。

◇ 毕业院校相同。
◇ 毕业院校与毕业院系相同。
◇ 毕业院校相同，毕业时间相同。
◇ 毕业院校、院系、时间都相同。

从两者关系的亲密度上来看，2 和 3 基本没有变化，但从整体上看，顺序为 4 > 2 > 3 > 1。也就是说，当 A 投资 X 社时，相较于他与 X 社的董事的关系为 1，当他们的关系为亲密度更好的 4 时，其所获得的回报会明显提高。

在 HBS 教授 MBA 课程的两位教授也在 MBA 中对彼此间关系为 4 的毕业生进行了调查。这时，他们会比普通的 4 获得更高的回报。这可以说是 MBA 毕业生建立起来的坚固的社交网所产生的结果。

另外，就如在对证券分析师与企业董事的研究中，只有推荐买入时才会产生回报一样，在基金经理与董事的研究中也同样只有在投资时才见效，但在出售时却看不出其优良性。在这种情况下，作为 X 社的董事，他往往不想说公司的消极因素，或者证券分析师 A 出于与董事的关系考虑，只参考了积极情报而略过了消极情报。

话题到此还没有结束。这里还有一个问题。

◇ 基金经理 A 在要考虑对 X 社或 Y 社投资的同时，也在考虑对 Z 社进行投资。
◇ Z 社的董事与 X 社一样毕业于哈佛大学。

◇ 结果 A 还是投资了 X 社而放弃了 Z 社。也就是说，他还是没有投资 Z 社。

那么，获得这些情报后，大家会投资哪家公司呢？

根据两位教授的研究，得出的答案还是 X 社。同一大学毕业，也就是在与拥有同一社交网的投资对象相比（此时是 X 社与 Z 社比较）时，基金经理最终投资的企业（X 社）要比没有投资的企业（Z 社）的表现更好。也就是说，基金经理 A 会对来自 X 社与 Z 社董事的情报，再次进行甄别。

但是，这样就不清楚基金经理 A 是否是通过对从社交网得到的情报进行实践才发现了有用的重要情报。A 也可能只是选择了能够通过社交网获取情报从而降低情报获取成本的公司。有人认为，虽然 A 能够获得一些情报，但他却并没有通过马赛克原理分析出重要情报，也没有获得能够以此为基础从而对投资进行判断的优势情报。

两位教授正在对此进行验证。

其结果是，X 社和 Y 社的表现差异基本都体现在发表决算或者发布重要的新闻（例如修正预计销售额等）时。例如，在前述的"毕业院校、院系、时间都相同"的样本中，其表现上的差异，基本都集中在了重要情报发表前后，其他时期在统计上基本没有差异。通过以毕业院校为基础构建的社交网，会适时地传递具有优势效果的情报，而它则左右了基金经理的表现。

这一研究的观测数据，也与证券分析师的研究相同，历经了 FD 规定实施的 2006 年（数据选自 1990~2006 年）。在证券分析师与企业董事的研究中，证券分析师的表现差异在 FD 规定实施后随即消失。

而基金经理的表现差异却在 FD 规定实施后依然持续。这表明基金经理们还在利用社交网发挥鉴别力。

与证券分析师的研究相同，在基金经理 A 与 X 社董事毕业院校的数据中，出现最多的还是哈佛大学。在这一研究中，哈佛大学也高出其他大学 2 倍。顺带一提，位于第二位的是宾夕法尼亚大学与斯坦福大学。

基金经理能够利用社交网发挥鉴别力，那么他更会明白自身所属的社交网越大，工作起来越容易。从这一角度上看，对隶属于哈佛网乃至哈佛 MBA 网的基金经理来说，鉴别力的表现有时会成为非常珍贵的财产。

所以，HBS 作为明星投资者的培养基地，吸引着年轻的专业人士。

情报会因解读方法而产生差异

1. 因知情人暗示而促成的生意

这里会介绍与投资者有效收集优势情报的方法及相关的 HBS 明星教授们的研究。我们知道，投资者聚焦于本土，或者说，利用毕业于相同大学的社交网，收集几万人都难以到手的优势情报，发挥鉴别力。

这里要研究的是情报的收集方法和解读方法。也就是说，不是研究如何获得怎样的情报，而是聚焦于"如何读取别人无法读出的情报"。在谍报方面可称得上是精英中的精英的间谍们也像其他人一样，大多通过报纸、媒体等获取情报。怎样从中解读出重要的情报则是他们的秘密。对于投资者来说也是如此，如何对你获得的情报进行解读，会使鉴别力产生差异。这里就其关系进行介绍。

首先来说说前面所说的取巧而成的知情人交易。

由于法律禁止知情人交易，因此市场不认可这种取巧。那么，企业董事们不能自己买卖公司的所有股票吗？

例如，很多企业董事都是以优先认股权（stock option）的形式领取报酬的。优先认股权是指可以按照事先定价购买自己公司股票的权利。领取优先认股权的董事在使用这一权利时，自己公司的股价越是高于事先定价，自己所获得的报酬就越多。由于这对经营方有利，因此它经常作为股东与经营方的激励手段——致使股价上涨，从而作为企业董事的报酬体系而广为使用。

假如你是企业的经营者，请思考以下情况：

◇负责经营已有数年。改革带来了可喜的成果，自己公司的股价得到了提升。

◇要尽快实施领取报酬的优先认股权。

◇进行优先认股权就会以事先定好的方式获得本公司股票。

◇不久，由于个人需要资金，因此想将一部分股票兑现获利。

虽然想要按照自己的情况卖掉股票，但是自己却是公司的知情人。如果买入的股票一辈子不能卖掉的话，那么虽然优先认股权是股东和经营者作为激励手段的一种报酬体系，但从经营者来看却缺乏时效性，就无法使人接受。

为此，在有关知情人交易的法律中，也在一定程度上认可知情人对自己公司的股票进行交易。为防止被市场判定为"取巧"，因此要进行严格的公示或遵循交易规则进行。实际上，被认定为知情人的董事，在进行本公司的股票交易时，需要将交易内容（股价、股数等）进行详细公示，以便供所有人阅览。

敏锐的你大概已经得到了启示。如果所有人都能阅读这一交易情报，那么这一情报本身就有可能是有关该公司的信息。例如，公示称，社长正在增持自己公司的股票。那么就有人可能会解读为既然最了解公司的社长都增持自己公司的股票，那么该公司的前景一定可观。既然如此，作为投资者就会将它当作是买入的信号。反之，如果社长卖出股票，则有可能被视为消极的卖出信号。

马罗伊教授和科恩教授也着眼于这一点。知情人交易对于投资者而言有可能成为一种信号吗？而且对其进行关注就能发挥鉴别力吗？两位教授对这些问题进行了研究，并且获得了丰富的成果。

首先，两位教授对知情人交易的目的进行了分类。知情人交易也有各自不同的交易理由。由于公司创造者的个人资产占了公司股票的大部分，因此他需要通过出售自己公司的股票和投资其他资产来降低个人资产的投资组合风险。例如，微软公司的创始人比尔·盖茨会根据事先定好的规则，在一定时期内卖出微软公司的股票。这种交易与其他知情人交易一样，需要在市场上做广泛公示。但这一交易本身却并没有什么消息性，所以它不是投资者需要的有用情报。

另外，有的公司为了鼓励员工购买自己公司的股票，则会引入用奖金购买股票等相对低廉地买入股票的内部制度。这些交易通常会在发奖金时实行，特别是作为知情人的董事的奖金，要比按月领取的定额工资还多，所以他们大多会在发放奖金的时候，利用奖励制度来多多购买自己公司的股票。这些交易也与知情人交易一样，需要在市场上进行公示，但它们也同样缺少消息性，所以它们也不是投资者需要的有用情报。

那么，有消息性的知情人交易是怎样的交易呢？例如，企业董事根据自己所有的情报，有目的地购买或者卖出自家公司的股票，这种交易本身就没有将此前并不知道的情报间接地提供给市场。

两位教授将前面的"常规交易"与后面的"机会交易"进行了区分与分析。当然，作为投资者，想要知道的是后者与鉴别力的关系。

马罗伊教授与科恩教授利用以下的实际例子表现出了两种交易的辨别手法。由于它们有可能是敏感情报，因此文中使用化名来描述。

◇ 1997 年，ABC 社是在 40 个国家开展业务的美国大企业。

◇ 当时，董事会成员中的 S 和 J 在任期间进行了多次总公司股票交易。

◇ 但是，两者的交易模式显著不同。

◇ S 在 1997 年以前包括 1997 年都会在每年 4 月进行交易。

◇ 而 J 则没有明显规律。例如，他会在某年 3 月进行交易，又会在某年 8 月交易或者在某年 9 月交易。

在这一例子中，两人进行交易的诱因差别显著。例如，1997 年 4

月，在 S 卖出 ABC 社股票后一个月，ABC 社的股票上升 3.2%。这对于 S 来说，卖掉的股票上升了 3.2%，也可以说是他损失了 3.2%。与此相对照的是，在同年 12 月 J 卖出 ABC 股票一个月后，ABC 社的股票暴跌。股票下跌源于公开的决算内容。ABC 社的业绩虽然与此前预计的相符，但由于发现产品问题，其影响将持续到第二年。这是使其股价下跌的主要原因。受这一消息影响，其股价在两天内下跌了 7%。另外，在公开决算的 8 天后，ABC 社又公开发布了其在某国开展的业务正受到该国政府调查的消息。受到这一消息的影响，ABC 社的股价又再次下跌，最终 J 因为卖出 ABC 社股票而获得的回报，是回避掉了可能会出现的 12.6% 的损失。

到这里可以看出，S 进行的是常规交易，J 则是机会交易的代表实例。而且，如果投资者关注并模仿 J 进行交易（对 ABC 社的股票进行卖空），那么一个月就能获得 12% 的回报。另一方面，如果投资者模仿 S 的常规交易则会损失 3%。

上面不过是举例而已。马罗伊教授与科恩教授认为，S 与 J 的例子并不是 ABC 社独有的，而是在市场上多数存在的。这是他们从市场中充斥的庞大数据中，对进行机会交易与常规交易的人进行系统区分后分析得出的结果。交易数据取自 1986 年至 2007 年。判断是机会交易还是常规交易，必须要分析其至少三年间的交易类型数据。

其结果是，模仿 S 的常规交易者的超额盈利几乎为零，而在模仿 J 的机会交易者进行的交易中，在不能排除其他因素的情况下，他们都获得了超额盈利。如果每个月的超额盈利是 0.82%，那么年利率就将达到 10%。

另外，两位教授发现这种机会交易者有以下倾向：

◇企业的活动地域集中，董事自身就归属于这一地域。

◇尽管是董事，但他也并非最高责任人，相对来说等级较低。

◇常出现在管理松散的企业中。

投资者要从任何人都能获得的庞大的内部交易情报中，解读出机会交易，并且通过仿效发挥鉴别力。实际上，通过两位教授的分析，一部分机构投资者就是通过模仿交易提升收益的。因为情报的不同解读方法而产生的差异，就是证明鉴别力能够发挥作用的好例子。

2. 暂时不要对决算差的企业出手

企业会通过新闻发布会等形式将情报传递给市场。其中情报量最大也最受市场相关人士关注的，就是企业的决算发布。对于投资者来说，这就是一次大事件。同时，这也是一个通过自己对情报的解读从而拉开鉴别力差距的绝好时机。首先，在这里我们开始对发表决算时的情报解读方法的研究加以介绍。

上市企业原则上要在每个季度发表一次决算。从流程上来说，每个季度末都要进行账目结算，并在此后3周至6周内发表决算结果。在美国，决算年度是1月至12月，因此大多数企业的决算都会在季度末，也就是在3月、6月、9月、12月末进行。日本的季度划分时间与美国相同，但大多数企业将决算年度定为当年4月至次年3月。

发表决算，主要是公开各项财务报表。但是，解读各项财务报表本身就难度大而且耗时，因此大多数企业都是召开总结归纳式的新闻发布会或者制作简报予以公布。而经营者则通过电话会议、网络直播等方式向投资者、证券分析师等报告决算内容。很多企业通常都会在此时设置提问环节。这便成了一个非常好的收集情报的机会。

大多数企业会就决算内容预先发表业绩预测。例如，会公布"这一季度的利润是100亿日元，预计今年全年会达到400亿日元"等内容。这是为了提前把握市场的期待。另外，证券分析师也会事先发表一份面向投资者的报告。对于证券分析师来说，这正是他们的强项。另外，证券分析师事先预测所得的平均数据，通常被称为"一致预期"。证券分析师之间存在着强烈的群体意识，因此他们的一致预期很难出现较大的背离。市场会以一致预期的情报形成股价。因此，在企业实际发表决算时，假如其结果比一致预期低很多，那么这对市场来说就是"惊喜"，从而导致该企业股价下跌。

这是作为市场大事件的决算发表时带来的情报与股价的关系。很多人可能会认为，在如今这个情报技术发达的世界，企业在发表决算的同时，其股价就会在决算结果出现的瞬间反映出来。

实际上，市场需要时间去消化决算的情报。这就是在此前的研究中已经表明的盈余公告后的漂移现象（PEAD现象）。例如，当企业决算发表时出现的是负面"惊喜"时，股价不会在决算发表后马上下跌，价格会在此后持续一段时间。这段时间从几个星期到几个月不等。在出现正面"惊喜"时，股价反而会持续上升。从概念上来说，这与动量效应十分相似，但在市场上却似是而非。

有关PEAD现象到此已经列举了各种各样的原因。但是，最常被人作为原因指出的则是投资者低估了负面"惊喜"带来的影响。这一假说认为，在决算刚发布时，投资者在最初的反应期内没有捕捉到的

"惊喜"会在后来反应在股价上。

任何人都能获得企业公布的决算情报。但即便获得了这一情报，市场要想全部消化它们有时也需要时间。投资者在熟知这一市场性质的基础上，磨砺在情报解读方法方面的敏锐感觉最为重要。

3. 注意企业间的关系

有关前面所说的"市场需要时间来消化决算情报"这一点，在此前已经进行了很多研究。如果投资者能磨砺在情报解读方法方面的敏锐感觉，并能早于市场消化掉情报，那么就能获得巨大的收益。

首先要了解的要点是决算什么时候发表，例如"星期五效果"。研究表明，选择星期五发表决算的企业，与在平时发表决算的企业相比，后者的 PEAD 现象更明显。据说这是由于星期五即将迎来周末，市场相关人员的注意力较为涣散，因此很难在股价上反映出来。以此推断，当企业在星期五发表了负面"惊喜"时，这种"惊喜"不会马上反应在股价上，因此这时最好出售股票。这一研究与情报解读法，也是侧面表明市场相关人员的"不合理性"的关键。有关这一部分稍后会在本章中详述。

其次，在了解决算情报的时间后，在哪里发表也是要点，例如"主流媒体效果"。不仅是决算情报，重要情报也是如此。研究表明，在小众媒体上公布的情报难以被市场消化，而在主流媒体上发布的同一情报却会最终反应在股价上。哥伦比亚大学的格·休伯曼教授的研究，运用以下例子对这一现象进行了说明。

◇ Entre Med 企业的癌症研究成果刊登在了《纽约时报》的一个版面上。

◇受这一报道影响，该公司的股价大幅提升。

◇但是，这一报道的内容早在5个月前就已经在《自然》这一著名行业杂志上报道过了。

也就是说，并不算新消息的情报在经主流媒体报道后，其股价发生大幅变化。这也与"人类的不合理性"有关。

我们的话题再次回到决算发表的时间上。每个企业发布决算的日期由企业自己决定。在整理完一个季度的账簿后，有的公司在30天内发表决算，也有的晚于这一时间如在45天内发表决算。

那么，我们是否能利用较早发表的企业的决算来预测稍后发表的企业的决算呢？例如，利用同行业的企业的决算。这样一来，提前发表的企业的决算情报，就会成为使延迟发表的同行业企业的股价产生变化的原因。另一方面，研究表明，在情报响应度上，这些情报都没有被马上反映出来。也就是说，提前解读已经发表了决算的企业的情报，可以将其用于对稍后发表决算的其他同行业企业的投资。

科恩教授对更为直接的交易关系进行了关注。具体来说，就是顾客与供应商的关系。企业有对占自己公司销售额比较大的顾客公开决算情报的义务，因此任何人都能收集到这些情报。

我们能够想象得到，供应商的业绩取决于大宗顾客的经济情况。例如，当大宗顾客的决算数据不理想时，这一大宗顾客的股价必然下跌。但是，问题到此还没有结束。我们可以建立一个"市场也会将与大宗顾客的决算相关的重要情报，反应在供应商的业绩预测与股价上"的假说。也就是说，当与大宗顾客的决算相关的重要情报出现时，大宗顾客与供应商的股价都会下跌。

另外，在研究决算发表的情报带来的影响的同时，科恩教授也在对企业事先发布的业绩预测的修正等能够引起股价变动的重要情报发表后的影响进行求证。

那么，实际情况如何呢？

科恩教授为大家举出了以下实例：

◇ 2001 年，主角是 Callaway 公司和 Coastcast 公司。

◇ Callaway 公司是大型高尔夫球棒制造商（高尔夫迷们熟知的著名品牌）。

◇ Coastcast 公司是生产高尔夫球杆头部的行业大型公司。该公司是 Callaway 公司的原料供应商，对 Callaway 公司的销售额占该公司整体销售额的 50%。

◇ 6 月 8 日，Callaway 公司宣布将预测的第二季度销售额由 3 亿美元大幅下调至 2.5 亿美元。据此，跟踪该公司的证券分析师们对 EPS（每股股票的纯利润）的一致预期也由 70 美分缩减为 35 ～ 38 美分。

◇受此影响，Callaway 公司的股价与公布业绩下调前相比下跌了 30%。

◇ 7 月 25 日，Callaway 公司发表了第二季度决算。其 EPS 为 36 美分，与一致预期相符。

◇另一方面，Coastcast 公司的股价在 Callaway 公司发表了业绩预测修正后也没有发生变动。跟踪该公司的证券分析师们对 EPS 的一致预期仍是此前的 2 美元。

◇ 7 月 19 日，Coastcast 公司发表决算。其 EPS 大幅下降，与预测的 2 美元相比减少了 4 美分。受此影响，该公司的股价两个月内持续下跌。

如果"市场会将与大宗顾客的决算相关的重要情报，反应在供应商的业绩预测与股价上"这一假说正确，Coastcast 公司的股价就应该在占自己公司销售额 50% 的 Callaway 公司的业绩宣布下调后，出现下跌。但在这一实例中却并没有如此。科恩教授认为不仅是在这一实例中，整个市场都有这种倾向。

科恩教授的研究结论如下：

◇ 供应商与其大宗顾客的关系，代表着有关经济依赖度高的两家公司的情报在市场中的渗透度，要比过去人们所认为的滞后。

◇ 例如，即便市场获得了与大宗顾客的决算相关的重要情报，它也不会立刻在供应商的决算情报预测以及股价中反映出来。

◇ 反之，情况也是如此。也就是说，市场即便得到了与供应商相关的决算情报，也不会马上将其反应在大宗顾客的决算情报预测以及股价上。

◇ 这预示着假如以大宗顾客（供应商）发表的决算相关情报为基础，对卖家（大宗顾客）的决算情报进行提前预测并据此进行交易，那么就能获得超额盈利。

◇ 引发这一现象的原因，被认为是市场相关人士的行为不合理性，另外也包括投资者的注意力分散。

也就是说，在上述实例中，在 Callaway 公司发表下调业绩时，如果对还没有受到这一消息影响的 Coastcast 公司的股票进行空头操作，就能获得高回报。

实际上，科恩教授也正在确认利用这一点发挥鉴别力的投资者的存在。

　　◇ 同时持有 Callaway 公司与 Coastcast 公司股票的投资者，能够利用 Callaway 公司的情报进行 Coastcast 公司的股票交易。

　　◇ 另外，只有 Coastcast 公司股票的投资者，却不能利用 Callaway 公司的情报，或者虽然能够对情报做出反应，但是会出现滞后现象。

　　也就是说，同时持有这两家公司股票的投资者，由于经常关注这两家公司的动向，因此熟知这两家公司的经济关系，并能将其运用在交易中。前面曾讲过的一个原因，是投资者注意力分散，持有这两家公司股票的投资者，与单纯持有一家公司股票的投资者相比，更容易出现这种情况。

　　通过将这一研究结果作为鉴别力的根源用于投资，就能与其他投资者拉开距离。另一方面，由于科恩教授发表了研究成果，因此很多投资者都已经知晓了其中给予大家启发的投资战略。例如，即使市场上对社交网的研究成果已经家喻户晓，但要将这一内容融入投资战略却并不容易。然而，顾客与供应商相关的研究成果，对于其他投资者来说却较易仿效。当然，这一研究结果，并没有暗示投资的敏锐感消失了，但通过这一发表可知，难得被人发现的鉴别力的根源或许正在减弱。

　　"与其将这样的研究做成论文发表出来，不如自己成立对冲基金去实施那些投资战略，然后获得巨额利润不是更好吗？"——实际上，在科恩教授的课程中，班级里经常会讨论类似这样的话题。在优秀的基金经理相互竞争的投资世界里，想要用研究结果直接而顺利地赚钱或许并不是那么简单，但实际上也有自己成立了对冲基金的教授。

所以，多数对冲基金都在关注教授们的研究，希望能够将研究中带来启发的内容尽早变为鉴别力的源泉。即便优势时间有限，但细微的敏锐感觉却能转变为巨大的回报，这就是投资世界的魅力。

4. 隐藏在企业公开电话会议中的信息

至此，我们已经对影响市场的大事件——有关企业决算发表的情报解读方法与鉴别力的关系进行了介绍。现在我们会为大家介绍在这一大事件中最为精彩的部分——有关经营者与市场的对话方面的研究。

在美国，一般情况下企业会以新闻稿发布决算。新闻稿是企业通过通讯社向市场发出的信号，大多数企业是将由要点归纳而成的简报资料等合并后公开发表。考虑发表决算自身对市场产生的影响，大多数企业都会选择在股票市场的交易时间外公开决算。

而且，在决算发表后的第二天清晨或其他时间，经营者还会与市场相关人员召开电话会议（或进行网络直播）。企业经营者会利用1～2小时向市场相关人员进行简报并进行答疑。对经营者而言，这是通过自己的话语传达决算内容、公司战略等的绝好机会。而对市场相关人员来说，这则是能够听到经营者的心声、收集重要情报的时刻。

这一电话会议会进行实况转播，详细的会议记录则会刊登在金融媒体上，因此经营者必须慎重地选择措辞。经营者的一字一句都会招致股价的变动，而失言将会造成致命的后果。为此，简报部分会事先做好准备，基本属于照本宣科。令人感觉会议突然变得有趣起来的则是答疑部分。

电话会议的参加者必须在参加时注明姓名、工作单位、联系方式等，原则上只要提供以上信息，任何人都能参与会议并进行提问。提问者将会利用电话或者网络上的提问键代替举手。企业能够统计提问人的登录信息，所以可以选择回答谁的问题。对于个人投资者来说，在这样一种公共场合里进行提问需要勇气，而且即便提了问，能被企业选中的机会也很少。因此，实际上被选中的大多数提问者，只是跟踪该企业的证券分析师以及一部分大型机构的投资者。也有很多企业会注明只允许机构投资者或证券分析师进行提问。

当然，企业与其他市场相关人员相比，会拥有很多有关自身的重要情报。发表决算的电话会议，正是将它们直接向市场公开的绝好机会。这一过程，使此前存在的企业与市场间的情报的不对等问题得到了一定的缓解。

但是，假如这些重要情报会对企业自身产生负面影响，那么企业并不想让市场知道的情报又会怎样呢？对于企业来说，想要隐藏对自身不利的情报，这种心情可以理解。更何况企业还有从参与者中自由挑选提问人的权利，因此企业会故意挑选明知会提出严峻问题的参加者吗？

马罗伊教授与科恩教授注意到了这一点，并且对此进行了研究。两位教授从经营者与证券分析师的关系切入，对这一要点进行了分析。推荐买入该企业的证券分析师，貌似是对该企业有好感的。相反，推荐卖出的证券分析师，则对该企业未来的预测表示怀疑。也就是说，对于经营者来说，后者提出令其为难的问题的可能性非常大。在具有负面情报的企业的决算电话会议上，企业会尽量回避选中这样的提问者。

因此，两位教授通过以下过程进行了分析。

◇ 获取 2003 ～ 2011 年的美国所有决算电话会议的会议记录并进行分析。

◇ 会议记录中没有所有参加者的名称，只有在答疑环节中被选中的提问者的名称。有时参加知名企业的电话会议的投资者可能成百上千，所以记录所有人的信息就会变得没有效率。

◇ 参加者中一定有对该企业进行跟踪，并且在推荐中给出买入或卖出评价的证券分析师，而且这些参加者一定会提问。

◇ 另一方面，会议记录中记载的只有提问者。也就是说，只有作为提问者被记录下来的证券分析师是被企业选中的。

◇ 因此，将作为提问者而被会议记录记载的证券分析师、跟踪该企业的证券分析师在这一节点上对企业的推荐类别（"买入"或"卖出"）进行对照，就能找出企业选择提问者的模式。

在对庞大的会议记录进行分析后，两位教授得出了以下结论：

◇ 只选择对自己公司进行买入推荐的证券分析师作为提问者的电话会议，是由企业主导的作秀电话会议。

◇ 作秀电话会议的对象企业（作秀企业）的股票，与没有这种倾向的其他企业的股票的表现相比，作秀企业的股票在短期内会表现良好。

◇但是，当作秀企业停止作秀时，这一反差就会逆转，而且其差距会达到年利率的12%。

◇产生这一差距的原因，主要是由于作秀企业未来的股价下跌引起的。

也就是说，如果能够辨别出作秀企业，那么就可以对该企业的股票进行空头操作，获得超额盈利。这一辨别方法就是鉴别力的根源。

研究并没有到此结束。两位教授发现，作秀企业也并不是每次都要作秀。实际上，在研究中发现，作秀最频繁的企业也只是一年中出现一次作秀。也就是说，即便企业要作秀，也不会每次都在季度末的决算电话会议中作秀，而是争取尽量公平地选择提问者。为什么会出现这样的结果呢？

大多数情报都会或早或晚地被市场所知。例如，假如自家企业的产品预计今后的销售额将会下降，那么它总会在未来的决算中以数据形式体现出来。由此可以成立假说——企业作秀的诱因是与其使股价长期低迷，不如在短期内使股价在决算发表前后维持平稳。这一假说是在假设存在使股价在短期内维持平稳的诱因的前提下进行的。例如，该企业正处于增资期。在增资期，股价越高，投资者就会投入越多的资金。实际上，两位教授的研究表明，越是处于增资时期的企业就越可能作秀。

对于企业来说，单纯地控制早晚都会被人所知的情报的投放时间，并不需要什么成本。但是，在证券分析师看来又会怎样呢？如果大家都是推荐卖出的证券分析师，他们又会怎么想呢？即便参加了自己所跟踪的企业的大事件，也不会被企业选中进行提问。研究已经表明，如果长此以往，证券分析师会通过接近经营者（他们会直接向经营者提问，请他们认真做出回答）来提升以后预测决算时的命中率。因此，对于在接近经营者时受到限制的证券分析师而言，这是生死攸关的问题。证券分析师可能会因此向市场宣布"由于不能获得满意的情报，因此取消对该企业的推荐，今后不再对该企业进行跟踪"。

另一方面，假如证券分析师不再推荐这家企业，那么看到这一情况的投资者又会怎么想呢？长期跟踪这家企业并给出出售评价的证券分析师，如果以情报不足为由取消对该企业的关注，大家不会觉得奇怪吗？跟踪自己公司的证券分析师越多，对投资者传递的情报就越能够顺畅，自己公司股票的流动性也越能够得以提高。忽略证券分析师对企业来说是一种重创。这种隐形的成本，也决定了企业不能经常性作秀而是选择性地作秀。

频繁作秀的企业的特征，是跟踪该企业的证券分析师很少或者机构投资者的比例较少（个人投资者的比例多）等。也就是说，它们的作秀成本较低。从某种意义上来说，投资者自然不会喜欢粉饰太平的企业。因为它们很可能会在之后爆出巨大的负面"惊喜"。因此这样的企业可以作为空头操作的候选对象，但要避免将它们作为多头战略进行投资。

5. 活用行业间谍？

如同对作秀企业的研究一样，即便所有与市场相关的人员都在现场听到了同一企业的决算情报，他们中也有能够对企业所要隐藏的信息进行解读的投资者以及不能解读这些内容的投资者。

那么，除了作秀以外，有能够成为鉴别力根源的情报解读法吗？

这里我们来进行假设。

◇投资者 A 与 B 参加了企业 C 的决算电话会议。也就是说，他们在相同时间里听到了同样的情报。

◇投资者 A 与 B 将决算电话会议的情况记录在了笔记上。他们所记录的经营者的话语完全一样。

◇但是，两个人对此的感想却各不相同。

◇A 写下的感受是"经营者的言语很有力。列举出的积极因素证明该公司发出的积极信号"。

◇而 B 写下的感受则是"虽然公司在强调积极的一面，但其实却不希望有提问者突然提出负面问题，该公司所列举的都是伪装出来的积极面"。

尽管传达情报的一方向这两人传达的内容相同，但由于听话人的不同，获取到的信息也会有所不同。不仅是上面这一例子，日常生活中也经常如此，在投资的世界中也是如此。不论企业最终公布了多少情报，对这些情报加以解读并进行投资行为的都是投资者。企业必须向投资者传递正确的情报才会有意义。企业之所以会雇佣宣传公司，尽可能有效地传播自己公司的法人信息，就是因为他们深知其重要性。

相反，如果企业的言行与实际不符，想要隐藏某些问题时投资者要怎么办？是要接受企业所说的内容，还是对其进行剖析？上例中的 B 就是后者的典型例子。

然而，在 A 与 B 的例子中，如果能对企业 C 真正想要表达什么或者隐瞒什么进行判断，那么这两个人就能与其他投资者拉开距离。

关注这种鉴别力根源的就是对冲基金。而注意到对冲基金的需求的，则是这一道上的专家。这一道上的专家指的是间谍。这不是玩笑，是事实。"这一道"指的是他们看穿对方所言是真或假的技能。原来，曾在美国的 CIA 中进行专业测谎（识破谎言的方法）的密探们在2001 年创立了名为"Business Intelligence Advisors"的公司。该公司简称"BIA"，这一公司名称与他们曾经效命的 CIA 极为相似，这自然不是偶然为之。

马罗伊教授与科恩教授对这些间谍进行关注并制作了案例分析。这些案例分析是两位教授在授课中使用的大量案例中最受学生喜爱的案例。这一部分内容非常有趣，因此在这里为大家做一下介绍。

BIA 利用 CIA 的技术探明经营者的真正意图。例如，在决算电话会议中，他们会对经营者的遣词用句到肢体语言等所有侧面进行解析，验证发表内容的可信度。这一手法称为 Tactical Behavior Assessment（TBA），是该公司引入 CIA 所用的手段，专为美国高智商行业而独立开发的手段。无论目标人物的性别与文化水平如何，TBA 都能够全面适用。他们不仅能对网络上的电话会议，还能对会议记录等做出辨别。该公司"不会擅自用自己的理解去解读他人的话语，而是关注他人所说的言语本身"。

BIA 为顾客提供 TBA 相关的体验研讨会。讲师则由测谎专家或者有过 20 ～ 30 年调查取证工作经验的行家担任。他们获得了对冲基金等顾客的极大好评。另外，更为高级的还有 COMPASS 这一手段。它不仅能够用于调查决算会议中经营者发言的可信度，还能够解读出经营者无意识下发出的信息。TBA、COMPASS 都属于企业机密，因此在案例分析中并没有对其做详细介绍。而且这些手段大多都是该公司依靠自行开发的软件来进行解析的，因此该公司也属于技术公司。

BIA 的收入来源于向对冲基金等顾客收取的手续费。对冲基金委托 BIA 对企业的决算电话会议等进行解析。BIA 利用 TBA、COMPASS 等手段对决算电话会议等进行分析并制作成报告。报告会制作成该公司独特的 Behavioral Concern Rating（行为关注评级）形式。

那么，实际的报告内容都有什么呢？案例分析中列举了 2010 年 8 月 11 日旧金山社的决算电话会议的相关报告。该报告表明其对该社的忧虑度较高。BIA 将旧金山社 CEO 乔·秦巴斯的发言中令人忧虑的部分摘录下来并加注了评语。评语样例如下：

◇"对现状过于肯定。"

◇"依赖于市场景气与否。"

◇"对提问者的劝说过度。"

◇"为拖延时间而偏离了提问的主要内容。"

◇"过度使用强调自信的语言。"

在 BIA 制作好报告并提交给顾客后不久，旧金山社的业绩预测出现大幅下调。受此影响，旧金山社的股价下跌 18%。

BIA 不过是对决算电话会议的忧虑程度进行了解析，它并没有对该社其后的股价下滑的可能性做出判断。但是，被其断定为忧虑程度较高的目标企业的股价随后出现下滑的可能性却很大。为了验证这一假说，BIA 雇用了第三方顾问就两者间的因果关系进行了调查。结果，被 BIA 认定为忧虑程度高的企业群体其后的股价表现都不理想。也就是说，BIA 的技能有可能是鉴别力的根源。利用 BIA 对发表的决算有疑问的企业进行辨别后，可对其股票进行空头操作。

在学习 BIA 案例的课程上，该公司团队曾作为嘉宾来到我们的班级做客。他们看起来和其他来做客的嘉宾没什么不同。我记得好像在哪里看过，间谍为了能够融入任何国家，他们的外貌都极为普通。

在有关案例分析的课堂发言中，通常都是从"作为组织领导者应该怎么办"这一观点进行评论的，因此，像"案例中那个主人公说了XX，这样是错误的，应该采用XX战略"等，大多都是"以上位者的眼光"来进行的发言。因此，案例分析中的主人公作为嘉宾来到课堂上做客，可能会让人感觉有些无所适从，但HBS的学员对此却毫不在意。有时，有些厉害的学员甚至在嘉宾本人面前将其做法全部否定。课程设置上，嘉宾在最后会有10～20分钟的讲话机会。由于在前面的课程中嘉宾不能参与讨论，因此他们有时也会成为HBS学员们进行评论时的众矢之的。但是，这里的嘉宾是原CIA成员，因此学生们还是会稍微谨慎一些。或许是心理作用，我感觉那天的讨论进展得十分平稳。记得当天我也发了言，但或许是由于太过在意BIA成员们的眼光，我已经不太记得自己当时说过什么了。

在对课堂上的讨论做总结之后，马罗伊教授与科恩教授请BIA的嘉宾们对前面所说的TBA手法进行了示范。屏幕中播放的是曾经出现在金融媒体上的CEO们，BIA成员们利用TBA手法对其进行评价。画面中的每一个CEO都有些古怪，到处都是令人腹诽之处。在看这些画面的同时，"你们注意到这位CEO现在转换了话题了吗？""请仔细注意观察现在这位CEO的目光方向与发言之间的关联性"——BIA成员们会像这样对画面中的人物进行评论，他们通过这些实例对TBA手法的概要进行说明，使我们恍然大悟。当然，仅仅20分钟的谈话终究很难让我们明白经营者的用意，但我们已经很清楚地知道为什么对冲基金会选择BIA。

还有，这一"迷你"TBA研讨会经由当时在场的学生们，一下子传到了校内。由于大受好评，于是HBS公认的投资俱乐部通过马罗伊教授、科恩教授与 BIA 直接取得了联系，并针对该俱乐部开展了一次特别研讨会。它也成了投资俱乐部的几个企划中最具话题性的企划之一。

为了通过情报的解读法获得优势，投资者甚至需要利用间谍。这也可以说明，情报的解读法是逼近鉴别力根源的证据。

从 HBS 的最前沿研究开始学习（二）

"如何投资"——控制自我之人控制投资

至此，我们已经从投资者的投资方向这一观点出发，说明了能够左右投资目标股价的重要情报的获取方法与解读法会成为鉴别力的根源。

那么，投资者获得情报并且对其进行解读后要做什么呢？当然是对投资加以判断。

在商业中，即使是对同样的情报，不同的人也会做出不同的判断，这是司空见惯的。大家也曾在职场上有过类似经历吧，在投资的世界中也是如此。在投资的世界里锻炼判断力，意味着它有可能会成为鉴别力的根源。也就是说，关注"如何投资"，你就能够与其他投资者拉开距离。

这时，最大的敌人就是做出判断的你自己。正可谓"控制自我之人控制投资"。

接下来进行详细说明。

投资的最大敌人是自己？

———— ◎ ————

"速度是经营的生命。"

这是在著名经营者的采访中经常出现的话语。在经营环境变化多端的现代更是如此。有关"经营的速度"，经常出现的论点是灵活的组织态势、圆滑的交流等，但最为重要的还是经营者本身"判断的速度感"。

经营者在做出经营判断时，可作为依据的是自己在此前培养出的经验准则、组织结构等。另外，也有一些著名经营者会利用直觉。

从判断的速度感的意义上来说，投资者与比赛选手的境遇相同。对于选手们来说，瞬间的判断会决定胜负。为了锻炼这一瞬间判断力，一流选手会进行反复训练，直到自己可以在关注本场比赛的同时身体做出自然的反应。

HBS 使用的案例分析，在某种意义上来说，也与培养一流选手的过程相似。当 HBS 的毕业生在经营中面对问题时，脑海中就会引出与该问题相关的案例分析。然后利用在这一案例分析中所学到的框架提炼论点，尝试做出正确的判断。为了能让这一过程在"习惯化"后成为脑海中的自然反应，HBS 的学员们要通过 500 多个案例分析来反复练习，并且最终在毕业前成长为商务世界里的"一流选手"。当他们在毕业后的舞台上面对问题时，身心都能够出现自然反应。这是学校的愿望。

在投资世界里，判断上的速度感与习惯化等同。稍有犹豫，获得利润的机会就可能会消失。另外，投资世界也是一个需要倚重"我感觉到了经济泡沫"感觉这个企业不好""感觉这个公司的新业务很适合我"等跳出定量分析的框架，需要投资专业人士的经验与直觉。这种直觉归结起来就是"市场趋势预测"。

但是，即便速度感对判断来说很重要，但假如因为过于重视而造成判断有误，那它也是毫无意义的。"速度感"与"正确的判断"不能二选一，假如通过直觉对判断的速度感过分重视，那么就有可能会出现误判。然而，假如事先了解到有关这一误判的原因，那么就能在判断过程中避免这一情况的发生。

从正面涉及这一课题的，是行为经济学这一较为崭新的领域。此前的经济学简单说来，都是把人类定义为"经济人"。也就是说，"人类总是具有经济合理性，并以此为优先展开行动的"。在学术上将其作为简单的前提进行研究会较为容易，但众所周知，现实中却并非如此。行为经济学，是将现实融入经济学中开展的研究。具体来说，是对阐明人类"更为现实的"决议过程进行的研究。将行为经济学中的很多研究成果用于投资判断过程的，就是包括 HBS 的格林伍德教授在内的投资研究者们。

在利用行为经济学阐明决议过程的书籍中，最为著名的就是成为世界畅销书的 *Thinking, Fast and Slow*。作者丹尼尔·卡尼曼教授是行为经济学第一人，荣获诺贝尔经济学奖。卡尼曼教授提出的前景理论，成了行为经济学的基础。当然，这本书也是格林伍德教授上课的指定教材。同时在这里也推荐大家阅览这本名著。

具体内容建议大家自行在该书中阅读。卡尼曼教授的观点简单归纳后如下：

◇人类的大脑基本上都是"懒汉"。如果将日常生活中的所有相关事物都进行百分百的思考，那么大脑就会被撑爆。

"今天穿什么颜色的衣服""今晚做什么饭"等没必要进行精细的判断与深思熟虑。因此，大脑会尽量在做出决定时"走捷径"。

　　◇也就是说，如果我们不强制大脑进行深刻思考，那么大脑就会无意识地通过"走捷径"来做出决定。

　　◇那么，大脑如何"走捷径"呢？它会预先形成认知偏差（先入为主的观念），然后利用它做出对事物的瞬间判断。人类会在无意识中进行该过程。

　　◇这就是作者标题中所示的"Fast（迅速）"的部分。当然，即便我们日常生活中大部分判断都是通过这一"走捷径"的方式做出的也完全没有问题。

　　◇但是，更为重要的事项也通过这种"走捷径"的方式而做出判断是好事吗？重要的判断需要认真而缓慢的思考。这就是书名题目上的"Slow"的部分。

　　◇问题是，如果我们不能事先认识到大脑"走捷径"，那么在做出重要的判断时，大脑也有可能会无意识地"走捷径"。

　　也就是说，在做出商业判断、投资判断等重要判断时，需要在认识到这一人类的潜在意识习性的同时，强制大脑进行深刻的思考。在做出投资判断时，很多投资者也会无意识地通过"走捷径"做出判断。如果能够回避这一误判，就有可能会获得鉴别力的根源。

　　此时的敌人不是别人，正是无意识中的自己。可谓是"与自我的斗争"。

投资者掉入的典型陷阱

————◎————

这里将要对格林伍德教授所关注的、卡尼曼教授敲响的警钟——认知偏差中可能会对投资判断产生影响的部分进行简单的介绍。

1. 利益与损失不等

对于人类而言，利益与损失是不等的。例如，当你投资100美元，在赚取10美元时的正面感情与损失10美元时的负面感情中，虽然都是10美元，但是后者造成的内心打击会更大。在投资中，有人"完全不想承担风险"，很大原因也在于这种认知偏差。另外，这也是投资中的"损耗限制"难以阻止的原因。

这种"利益与损失的不等效果"会逐渐递减。例如，把投资的100美元变为80美元时，与80美元变为60美元时相比，前者会觉得投资出现了巨大损失，心理上所受的打击很大。但当情况变为后者时，虽然都是损失了20美元，但由于已经经历了一次巨大的损失，所以相较于前者，此时的内心所受的打击则会相对变小。

这一"利益与损失的不等效果"就是简单的认知偏差，更有甚者还会强烈到对投资产生影响。

2. 不对判断本身做出判断

大脑会经常选择"走捷径"。因为在每次做出判断时，大脑都需要消耗能量。如果可能，大脑还会自行回避对判断本身做出判断。因为大脑喜欢"懒惰"。

　　因此，如果事先给予人类一个"默认选项"，那么人类就会一成不变地选择它。在投资世界中的代表性例子，就是规定缴费制养老金（401k）的投资对象的设定。虽然参加者有各种各样的投资对象可以选择，但研究表明，大多数参加者都选择了默认设定的投资对象。在医疗保险、保管资金的财团选择上也是如此。假如在现代人的选择中事先给予默认选项，那么选择者就会放弃进行选择，直接选择默认选项。这一行为模式已经获得确认。在对如同401k这样人生中的重要事项进行选择时，也会因为认知偏差而妨碍思考，不假思索地选择默认选项而放弃选择，这对选择者来说并不是好事。

　　但是，也有学者将这种消极行为转变为了积极行为。例如，同为行为经济学领头人的理查德·赛勒教授就提出将这一认知偏差用于公共政策。例如，在401k的例子中，既然大多数人都会选择默认选项，那么就将这一默认选项变为对公共政策最为有利的内容。教授的这一想法，在名为 *Nudge* 的畅销书中进行了详述。"Nudge"原为"在后背轻推"之意。但也有一部分人对教授的提议进行了反驳，称其为干涉主义。但它可以说是有关认知偏差的清晰实例。

　　现在，这种认知偏差已经成了投资生意中最为重要的一种。对于投资顾问公司而言，能否将401k中的默认选项事先设定为自家产品，受托资金将会发生巨大的变化。另外，一旦被设定为默认选项，即便在本年度中表现不振，由于"惰性"，401k的合约者们也极有可能不会将其更换为其他产品。

　　让我们再次审视一下401k的投资对象吧！你是否选择了默认选项呢？如果你是在深思熟虑后做出的选择，那自然再好不过。

3. 对容易回忆起来的事项给出过度评价

首先，人类多会对印象深刻的事物给予过度评价。例如，人们对每天在媒体上都会报道的事故、事件等印象深刻，因此他们很容易对这些事情发生的频繁程度给出过度评价。

其次，人类容易对最近发生的事给予过度评价。研究表明，当上司对部下做出评价时，他重视的往往不是该部下整年的表现，而是下半年或者说是最近所取得的成果。这也是认知偏差产生的作用。

在这两种认知偏差的影响下，即便实际上两个事项的发生频繁程度相同，人类还是会认为容易回忆起来的事项发生得更加频繁。因此，当这两种认知偏差在大脑中发挥作用时，人们就会对在现实中发生频率很低的事项做出过度评价，从而埋藏隐患。

例如，假设大家今天目击了火灾的发生。日常生活中我们很少能够看到火灾——从这一意义上说，它是发生频率极低的事项。但是，当你目击了火灾后，如果有人问你"请预测你遇到火灾的概率"时，你会怎么回答呢？概率一定会高于在前一天做出的回答吧。我认为这是一种极其自然的想法，但客观上来看，无论昨天还是今天，大家遇到火灾的概率其实并没有改变。从这一意义上说，认为概率提高是正常现象，其实就是陷入了这两种认知偏差之中。

在投资的世界中，也会发生"火灾"。不幸的是，企业有时会因此陷入绝境——股价会大幅下跌，公司也会出现丑闻。但是，当实际发生的时候，投资者会对这些事项做出过度评价并且对风险的出现过度警惕，从而有可能会错失绝好的投资机会。人们对于风险的警惕是由于认知偏差产生的自然反应，还是在认识到认知偏差存在的同时对情报进行客观分析、深入思考后的反应呢？

这一平衡感左右着投资者的鉴别力。

4.HOT HAND 和均值回归

大家是否有过这种经历？

◇ A 正在观看篮球比赛。

◇ A 所支持的选手 X 连续投篮 4 次都命中。选手 X 本赛季的投篮成功率是 40%，但是他今天却状态良好。

◇ A 想："其他成员应该把球传给 X。即便他这一赛季的投篮成功率是 40%，但今天可是 100% 的好状态。一定能投进！"

◇ 就像 A 想的那样，队员们将球传给了选手 X。

◇ 选手 X 第五次投篮。篮球向着篮球框划出一道优美的轨迹……

这是俗称的"那个选手今天手感好""今天状态良好"等，在美国这被称为"HOT HAND"。在棒球解说中，也经常会听到"他今天状态良好，这里也一定能打得到"等类似的话语。

这种想法或许极其自然。但实际上，他的上一次或者再上一次的投篮结果会影响到他接下来的投篮命中率吗？有研究者对这一疑问进行了认真的验证。他们对北美职业篮球联盟 NBA 中的明星俱乐部——凯尔特人队与费城 76 人队的庞大数据进行了独特的分析。结果表明，上一次投篮的结果并不影响下一次投篮的成功率。也就是说，按上面的例子来说，选手 X 虽然连续四次投篮成功，但第五次投篮的成功率却还是 40% 左右。

当人类对"连续四次投篮成功"产生深刻的印象时，就会忘记

"第五次投不进"的可能。当遇到相同的事项时，人们无论如何都要从连续性的观点出发对其进行过度评价。这被称为"HOT HAND 的谬误"。选手 X 的 HOT HAND 总会迎来终结之时，最终以此前的 40% 投篮成功率收场。当然，选手 X 此后技术提升则另当别论。像这样最终回归长期观测得出的平均值的现象，被称为"均值回归"。

这样思考就会发现，这时，团队成员将球传给选手 X 的行为并不一定正确。相反，假如选手 Y 的投篮成功率是 50%，那么比起投篮成功率为 40% 的选手，队员更应该优先把球传给选手 Y，以便提高获胜概率。

但尽管如此，改变实际行为却相当困难。当然，在投资的世界里，也能看到这种 HOT HAND 的谬误。

例如，每年财经媒体都会展开股价预测，其中就有带着"连续 X 年命中"等头衔的评论家或投资者。那么，去年预测错误的评论家 A 与"连续 3 年命中"的评论家 B，谁的预测命中率更高呢？单凭直觉来说，很多人大概都会回答是后者。但实际上如何呢？也许会出现 HOT HAND 的谬误。而即便评论家 B 对第二年的预测错误，也不会有多少人记得这件事。反倒会是不知从哪里出现的"连续 X 年命中"的评论家 C 大出风头，再次重复相同的事。

投资者的成绩也与此相同。例如，假设基金 A 连续三年都比其他基金收益高，你会把钱放在这支取得了良好成绩的基金 A 中，还是会将它放在去年成绩平平但是前年获得了巨大回报的基金 B 中？

受到去年良好表现的影响，购买基金 A 的顾客会大排长龙，就像篮球比赛中队员们会把球传给状态绝佳的选手 X 一样。但是，只关注基金 A 在过去三年中的表现后有可能会出现错误的判断。我们需要查看基金 A 在均值回归状态中的表现后再做出判断。如果此时基金 A 的表现仍然好于基金 B，那么我们就应该购买基金 A。

　　但是，这里我们要说明起来的较为复杂的，是在对"均值回归状态中的表现"进行了统计之后的"以往表现"。在篮球比赛的例子中，"以往表现"是指选手 X 与选手 Y 在此前的比赛中各自的投篮成功率。篮球选手会通过大量比赛进行大量投篮。投篮成功率就是从这些众多的样本中计算出来的，因此它作为投篮高手的计算指标极为可信。这一指标也可以作为下次比赛中预测选手 X 和选手 Y 的表现的依据。

　　那么，基金呢？对基金的过去表现进行统计时，基本以一年作为单位。与篮球比赛中的投篮一样，进行投篮统计时并不会马上得知结果，而得知投资判断的结果也需要一定的时间。

　　在这里出现问题的是样品数。即便是拥有 10 年过往表现（过去的正式表现数据）的基金经理也不过拥有 10 个样品。如果基金经理拥有 10 年的过往表现，那么可以说他已经接近投资世界中的"老手"。即便如此，假如在篮球场上投篮 10 次，投中 5 次与投中 4 次的选手相比，哪一个的投球更好呢？大家能够做出明确的判断吗？大家能够利用这些数据，自信地预测出他们在下一场比赛中的表现吗？这里所需的投篮数量自然是多多益善。在投资世界中，这一样品数量的限度要在对个别基金经理进行评价的基础上，再对其"是否真正具有鉴别力"进行评价则十分困难。

　　基金营业手册中一定会注有"以往运作成绩不代表今后的运作成果"等诸如此类的字样。这里做出这样的标注一定有其原因。在观看职业篮球比赛时，门票上不会标注"明星选手过去的投篮成功率，并不代表本日可预测的投篮成功率"。虽然不清楚明星选手的当日表现会如何，但你一定会期待他依然能够保持过去的水准，并且具有更高的命中率。

从选择投资对象的观点出发，HOT HAND 和均值回归这一思考方式也非常适用。例如，假设在行业 X 中，企业 A 与同行业的其他公司相比，业绩大幅度转好。原因是本期导入的商品大受欢迎。另一方面，假设企业 B 与同行业的其他公司相比，业绩大幅度恶化。其原因与企业 A 相反，本期导入的商品意外滞销。结果是企业 A 的股价上涨，企业 B 的股价下跌。今年企业 A 的股价上升率与行业 X 的平均值相比大幅提升，而企业 B 的股价上升率与行业 X 的平均值相比却大幅下降。

那么，如果大家正在准备对行业 X 进行投资，你会投资哪家公司呢？按照现在的评价看来，"企业 A ＞ 企业 B"。问题在于持续性。企业 A 今后在股价上的表现也会持续高于企业 B 吗？如果是，那么比起购买企业 B 的股票，购买企业 A 的股票会更好。但是，由于企业 A、B 属于同一行业，假如它们最终没有与其他同行业企业拉开距离，最终的股价上升率与整个行业的股价上升率持平（均值回归），那么则更适合购买企业 B 的股票。

HOT HAND 与均值回归，是在投资的各个领域中都会出现的最重要的课题之一。现在表现良好的投资对象是否会在今后均值回归后成长率变缓呢？另外，表现不好的投资对象在均值回归后是否能够重整旗鼓呢？也许你还在强行争辩"这次一定不一样""这个投资对象与此前不同""这个基金经理与此前不同"……对于投资者而言，看清它们就是在决定胜负。这可谓是鉴别力的根源。

5. 先说出数字的人获得胜利?
——锚定效应

　　全世界都在推广各种"哈佛流派"。其中最有名的"哈佛流派"是"哈佛交涉术"。我也曾在上学期间学习过,授课的教授是詹姆斯·西贝利厄斯教授。西贝利厄斯教授任教于HBS与哈佛法学院,是让哈佛交涉术广为世界所知的重要人物。在进入学术界之前,他曾在世界数一数二的私募股权基金——黑石集团中有过众多大型案件的交涉经验,同时也精于与日本企业打交道。

　　提起交涉,我们会想到这是心理战。因此,哈佛交涉术也借鉴了很多关于认知偏差的研究。其中最先学习的就是"锚定效应"这一认知偏差。

　　锚定效应是指给予最初提示的数字或证据等以极度的重要性,其后使其无法大幅度偏离这一前提的认知偏差。例如,假设在进行公寓的买卖交涉时,开始要价5000万日元。然后,5000万这个数字就深刻地记在了买卖双方心里。于是,双方在接下来的交涉中都会围绕着5000万这个数字打转,不会偏离太远。这就是所谓的"先说出数字的人获得胜利"。

　　锚定效应来源于英语单词anchor(锚)。就像锚能够牢牢地阻止船的移动一样,人类一旦被数字固定就会很难摆脱。即便最初作为锚的数字超出寻常,人们也会无意识地受其影响。在亲身验证通过锚定效应获得的数值时,研究中还发现,人们会出现收集使锚定效应正当化的情报,并且回避对锚定效应提出反证的情报的倾向。以买方的例子来说,买家在还价时,会说出一个接近5000万日元的数字,这就是在收集使卖家提出的价格正当化的情报。

除了交涉之外，锚定效应的另一个代表性的例子，就是第一印象。很多商务书中都举出了第一印象的重要性，而其根源则是锚定效应这一认知偏差造成的。如果见到对方时的第一印象不好，那么即便在之后收集到了有关对方的正面情报，在给对方做出评价时也会从锚定效应中获得的印象中开始进行评价，由此只能给出最初获得的负面评价。当然，人们还会关注与第一印象吻合的情报。

　　锚定效应不愧是哈佛交涉术中最先要学习的认知偏差，它具有极其强大的力量。锚定效应在投资的世界里也能发挥作用。例如，它会对投资对象的股价发挥作用。假设大家正在讨论对企业 A 进行投资。刚开始进行讨论时，该企业的股价是 80 美元。而在经过一周的分析后表明，该企业的适宜股价为 150 美元。而此时该企业的股价已经变为了 90 美元。相较于 150 美元，90 美元的股价还很便宜。这时大家会怎么想呢？你是否会不管股价为何上升，只是在想"价格太高了"或者"等着它变回 80 美元（讨论开始时的股价）"呢？ 80 美元这一数字不过是正巧在开始讨论时的股价，而一旦把这个数字记在了心里，这个数字就发挥了锚定效应。原本应该查找股价上升的原因，然后在股价还很便宜的时候进行投资的，但当比较股价高低的判断标准变为了 80 美元时，要摆脱它则需要意识到这是锚定效应在起作用，并且需要克服它。

　　锚定效应是交涉术中多次强调其重要性的认知偏差，在投资术中也同样需要强调它的重要性。像这样能够跨专业获取知识并将其融入自身的专业之中的，或许只有提供广泛专业课程的 HBS 吧！

6. 金钱分为三六九等？
——心理账单

　　金钱本该是不分类别的。但是，我们却通过心理账户这一认知偏差，将金钱进行了分类。

例如，最贴近我们的就是日常生活中的支出。大家在管理自己的存款或支出时，一定会将它们在头脑中分类并且进行管理吧，例如分成"房租""餐费""电费""应酬费"等。如果是这样，出现以下情况时你会怎么办？

◇预计去喝酒要花费 3 千日元，但是没想到朋友请客了。

◇回家后看到了电费缴费单，由于空调使用过多，费用比上个月多了 3 千日元。

如果是我，我会觉得酒钱省了 3 千日元，这个月还能再去喝次酒。而对于电费，我则会反省空调用得太多了，下个月要节约一下电费。心理账户会将"酒钱""电费"等区别开进行思考。但是，原本金钱是不分种类的。合理的思考应该是酒钱省了 3 千日元，用它填补电费多出来的部分。但在无意识下的我们却不会这么想。

心理账户也会在投资中发挥作用。对于投资者来说，向每个投资对象进行投资的资金并没有类别。如果进行合理的思考，那么就应该不关注个别投资，而是关注整个投资组合的损益。但实际上我们却往往会对每项投资建立心理账户并采取行动。例如，投资对象 A 的股价上涨了 10 美元，同时投资对象 B 的股价下跌了 10 美元。在投资组合上看是不赔不赚，因此进行合理性思考的话，投资者的心情应该是无喜无悲的。但是，此时在我们的脑中却有两种想法："投资对象 A 的股价涨了，真是太好了"和"投资对象 B 的股价下跌了，真后悔"。对于人类来说，收益与损失是不平等的，损失更会给人的心理造成打击。因此，在我们的头脑中，会因为企业 B 的股价下跌而产生负面情感。

很多案例都像这样由多个认知偏差交织在一起，从而对投资判断产生影响。即便摧毁了一个认知偏差，但如果稍微大意，就还有可能会倒霉。

7. 回顾过去，事物总是清晰可见？
——事后聪明偏差

大家是否有过这种情况？

◇ 你正在观看职业棒球赛。赛事到了第九局。现在，你所支持的球队以一分之差领先，守住这一分就会获得胜利，即投手投出好球就能获得胜利。但是，球队迎来了大危机——出现了 2 出局，球员跑 2 垒、3 垒，只有一次击球机会。得分情况是 3 坏球 2 好球。投手投出的拿手的直线球被击球手打回到场中，3 垒球员与 2 垒球员跑垒成功。你所支持的球队注定失败。这时，你会说："那里怎么能够打直线球？！1 垒是空的，那种情况怎么也得考虑用变化球，说不定还能让对方三振出局呢！"

◇ 2004 年，你开始对企业 A 进行投资。此后，该企业的股价随着市场行情一路上涨。2007 年，股价涨到了原来的 2 倍。因此，你在确定了收益后，抛售了全部股票。2008 年，世界金融危机爆发。这时你会说"那时候很明显就是出现了泡沫经济"。

在发生了某些事后，人不可能回到"知道这一结果之前的自己"或者"做出判断前的自己"。勉强把已知的事情当作未知，在理论上可以理解，但问题是自觉做到这一点却很困难。也就是说，在你回顾自己过去做出的判断时，就会把过去的自己误以为是知道了结果的自己。例如，在观看棒球比赛的例子中，如果投手回到投出最后一球前的自己，他会说"我不会投直线球，我会投变化球"，但他在当时真的有这种果断的预见力与判断力吗？这些其实都是受到了已经知道了结果的自己的影响。这样一来，你就会对自己的预见力与判断力给出过高评价，同时对实际做出判断时存在的不确定性做出过低评价。

这种认知偏差称之为"事后聪明偏差"。有关事后聪明偏差与投资的关系的最为著名的著作，是纳西姆·塔雷伯所作的世界畅销书《黑天鹅效应》。它关注的是受到雷曼兄弟公司破产的冲击后的华尔街。当然，该书也成了格林伍德教授上课的指定用书。具体内容请阅读此书，这里将书中要点归纳如下：

◇对于发生概率很小，一旦发生却会带来巨大影响的事件，人类会对其发生概率、影响等给出过低评价。

◇然而一旦该事件发生，那么人类就会利用事后聪明偏差，将其认定为是经常发生的事情（或者将这一事件看作是"必然"出现的），使其在逻辑上正当化。

◇《黑天鹅效应》一书的题目，源自于过去人们并不知道有黑天鹅的存在。在"以前从没见过黑天鹅，因此并不存在黑天鹅"的逻辑下，人们认为出现黑天鹅的概率是零。但是，当人们实际看到了颠覆常识的黑天鹅后，人们就会认为黑天鹅的出现是"必然"的，并使其正当化。

在投资世界来说，雷曼兄弟公司破产的冲击就是黑天鹅效应。在金融危机发生前，人们把"从整个美国来看，住宅价格从没下降过。

因此，美国住宅价格今后也不会下降"的思想当作"常识"。但是，一旦出现与此前的"常识"相反的情况——当美国房价开始下跌时，它就成了引发以美国为首的经济危机的根源。而且在实际发生了经济危机后，人们开始认为出现住宅泡沫是"必然"的。评论家会逐一对过去的数据进行回顾，最后展开"一定会发生经济危机""已经出现了所有迹象"等的讨论。

这是一种伴随事后聪明偏差所出现的另一种偏差——"确认偏差"。人类有收集与自己先入为主的观念相符的材料或数据，并使这种观念正当化的倾向。例如，如果有人先入为主地认为日本经济不景气，那么当他来到书店后会买什么书？大概就是"为什么日本经济不景气"此类题目的书了。因为你所选择的书籍是由你的先入为主观念决定的。反倒是那些能够研究"为什么日本没有不景气，反而经济很好"等，与自身先入为主的观念相反的理论的人，在验证自己的理论时能够有所收获，但那却非常困难。确认偏差经常出现在预测时，也会在回顾过去的事项并进行说明时出现。

另外，与此相关的认知偏差，还存有"知识诅咒"。这一偏差可谓是"不能把已知当作未知"的偏差。做过家庭教师的人，可能有过这种经验。自己做得极为顺畅的题目，当要给学生进行讲解时却说明得并不顺畅。我们想要回到自己也不会做题的时候，从一无所知的学生的角度去教学，是很困难的。

在投资的世界里，随处都有不确定性。人一旦因为受到事后因聪明偏差影响而给予不确定性过低评价，那就很有可能出现惨痛的教训。投资者要经常以谦虚的姿态与不确定性抗衡。

但是，我们也不必因此而过度回避不确定性。由于刚刚经历的金融危机在脑海中的印象太过鲜明，因而在认知偏差的作用下，反而会对今后的不确定性进行过高评价，这也会使投资者错过投资机会。

克制受到这两种乍看上去相反的认知偏差控制的自我，谦虚而具有逻辑性地对投资机会进行判断，就能获得鉴别力的根源。

投资靠经验？
——利用过去的经历的认知偏差

———— ◎ ————

前面提到了投资者容易陷入的认知偏差之一 ——"对不久前的经历进行过高评价"。那也就是说，如果过去没有这样的经历，就不会在投资判断时陷入这种认知偏差。当然这只是一种偏激的观点。

在投资中，过去的经历只能成为产生认知偏差的一种负面因素吗？如果是那样，那么它就会与我们平时所认为的常识截然相反，因为人们往往认为投资与其他大多数职业一样靠的是经验。

实际上是这样吗？

格林伍德教授向这一疑问发起了挑战——他对 20 世纪 90 年代后期的美国 IT 泡沫时期的基金经理们的投资行为进行了有关研究。具体做法是，将年轻的基金经理（定义为 35 岁以下者）与经验丰富的基金经理（定义为 35 岁以上者）的投资行为进行比较。其结果有以下倾向：

　　◇ 年轻的基金经理们在 IT 泡沫最盛时，增持了 IT 企业的股票。因此，IT 企业在其自身的投资组合中的占比也会增加。尤其在上一季度通过 IT 企业获得了高回报的基金经理，其所持股票更会增多。也就是说，他们非常重视将不久前的经历用在投资判断中。

◇ 在 IT 泡沫最盛时，由于 IT 企业的股价攀升，在众多进行投资的年轻的基金经理们的基金中，还有很多是希望能对 IT 企业进行投资的个人资金。因此，从整体上看，年轻的基金经理们操作的资金比例急剧扩大。也就是说，经验尚浅的投资负责人手中聚集了大量的行业资金。

◇ 另一方面，经验丰富的基金经理们却并没有增持 IT 企业的股票。

如大家所知，20 世纪 90 年代后期的美国 IT 泡沫经济崩溃，最终年轻的基金经理们蒙受了巨大的损失。

在此，格林伍德教授阐释了投资者过去的经验与鉴别力之间的关系。换言之，经验丰富的基金经理们，由于过去经历过泡沫经济崩溃，因此在闻到类似气息时，他们对 IT 企业的投资就会变得十分谨慎。另一方面，没有经历过泡沫经济的基金经理们却不能幸免。也就是说，在投资中也信奉"靠经验说话"。

这两种认知偏差也会出现交叉。经验丰富的基金经理们会由于过去经历的泡沫经济崩溃而认识到"损失会带来比获利还要巨大的打击"，而年轻的基金经理们以及将资金交由基金经理们代管的个人投资者，则会"对较为接近的过去进行过高评价"。也就是说，正因为认知偏差在前者身上发挥了作用，所以经验丰富的投资者对此经历印象深刻，从而不会在此时进行投资。而后者则是因为认知偏差的作用，导致年轻的基金经理们受到了近期高回报的影响。

格林伍德教授在其撰写的研究论文中，进行了以下总结：

"也就是说，要产生新的经济泡沫，就要像购买高价股票一样，必须要有新的投资者出现。这与盖博瑞斯教授（哈佛大学名誉教授，被评为"经济学巨人"）倡导的精神一致。教授曾经说过，'有关金钱的记忆最多只能持续 20 年。在此期间，人们会逐渐忘记对于过去的危机感'。"

投资靠经验。但是，为了不忘掉这些经验，我们需要控制自我。

自动运作资金回避陷阱？
——量化投资者与基本投资者

——————◎——————

因为人类参与商务判断，所以才会受到认知偏差的影响。那么假如人类不进行商务判断，就不会出现这种偏差了。也就是说，如果重新构筑自己的投资规则，利用计算机的力量进行自动投资判断的话，我们就不会被认知偏差所困扰。

这或许是有些极端的投资哲学蕴含在里面，但在这里我们要介绍几位将其用于实践的投资者，他们被称为量化投资者。量化投资者利用高度的金融理论与数学建立其独特的运算方法，利用计算机的庞大力量实施投资战略。虽然通称为"量化"，但他们所用的投资战略却多有不同，无法一言以概括。用一句话来说，量化投资者与基本投资者不同，他们不会关注个体企业的基本面。也就是说，他们会进行彻底的自下而上的调查。基本投资者则会利用金融理论与计算机的力量进行"有人情味的"投资判断，而量化投资者则"摒除人性"进行投资判断。可以说，两者的投资哲学极端对立。

在投资界，目前仍然是"有人情味的"基本投资者占多数，我们熟知的超级明星巴菲特也是基本投资者的代表人物。但是，随着金融工学与 IT 力量的急速发展，量化投资者也在逐渐增多。

HBS 没有针对量化投资者的投资战略进行深入学习的课程。这种将高等数学与 IT 技术结合在一起的专业性技术学习与 HBS 的风格不符。但是，HBS 通过著名量化基金 AQR 公司的案例分析等，对量化投资者进行概要介绍，并以案例分析的形式将其与基本投资者进行了对比。由于量化投资技巧与本书主题不符，因此我们对这一部分不进行详细介绍。接下来，我们对量化投资与基本投资进行对比。

量化投资的最大优点是，一旦建立起投资结构或个人模式，那么在追求规模性经济时就会很轻松。当然，这也需要日常维护。如果建立的计算方法有效，那么之后就要每天利用计算机进行演算，这样收益就会上升。当然，做出投资判断时不会受到认知偏差的影响，也是其优点之一。

如果是基本投资者：

◇ 对个体企业的现状进行自下而上的调查。

◇ 预测今后的发展与决算。

◇ 进行投资判断。

◇ 投资后也要进行监控。

这一流程需要人员配合进行。当然，投资者也可以利用专门工具锁定调查对象或者提升监控效率。但其竞争对手也是一样。基本投资者的差别化就在于需要能够对独特的资源进行深入分析。基本投资者大多会利用此前介绍的情报获取方法、解读方法等。

另外，基本投资的特点是它大多需要依赖基金创始人的才能与技能。在量化投资中，创始人的智慧会留在他所建立的运算方法与模块中，而在进行基本投资时，想要让创始人的社交网或其掌握的隐性知识留下来却并不现实。因此，基本投资在业界也被称为具有"关键人物风险"（关键人物因为某些理由而离开当前所运作的基金的风险），例如，巴菲特离开了伯克希尔公司。当然，即便是在量化投资中，假如是优秀的创始人开发了模块，那么也会存在关键人物风险，但基本投资在这一方面的风险会更大。但是，由于创始人的社交网以及知识等都属于个人，因此在伴随着关键人物风险的同时，也具有不会轻易被竞争者模仿的优点。

量化投资最大的缺点，就是在构建运算方法时的数据都是以过去为前提的。像雷曼兄弟公司破产给市场带来冲击一样，当金融市场因为遭受了巨大打击而使"世界变化"时，那么量化投资中以过去的数据为前提所建立起来的模块效果就会被削弱。量化投资的失败案例中，最为著名的就是美国长期资本管理公司（LTCM）。LTCM由诺贝尔经济学奖获得者创立，20世纪90年代时作为世界最强量化投资基金而驰名，但在亚洲金融危机、俄罗斯金融危机等一系列过去所没有过的金融危机的冲击下，其公司的投资模块终于不堪重负出现了漏洞。LTCM往日的骄傲也变成了他们的挫折。全世界畅销的《天才们的误算》一书，是投资界人士必读之书。该书在讲述LTCM的故事时超越了量化投资与基本投资的框架，对数位与市场对立的投资者的教训进行了总结，是一本值得一读的好书。

与量化投资相比，基本投资更加灵活，它能够在"世界变化"时捕捉到动机性机遇。人类能够从过去中进行学习，能够让自己的投资变得更为灵活。像巴菲特一样的基本投资者，正是在这种"世界变化"之时，才能最彻底地施展其本领。

基本投资者与量化投资者的话题，也是反映人类与计算机这一话题的一个侧面。现在，在创业热盛行的美国，很多创业公司都在开发与财务相关的"新技术"。其中，出售"机器人顾问"这一通过运算开展投资咨询功能的公司在其中较受欢迎。其概念就是不用人类来进行资产运作，而是将其交由机器人运算或人工智能运作。

那么，人类与计算机到底用哪一个进行资产运作更好呢？我认为，最适宜的是人类利用性能平衡的计算机进行判断。或许这想法源自于我本身的职业就是投资，只要人类继续在市场这一领域内当家做主，那么能够对此做出解释的最终也还会是人类。

探寻投资中的珍宝
——寻找"一物二价"

大家在海外旅行购物时是否有过以下经历？

◇ 在海外旅行地的市场上，你发现了非常想买的礼品，所以用英语询问了价格。

◇ 在你旁边，有一位当地导游同样也要买这件礼物，他在用本地话向店主问价。

◇ 当地导游告诉你店主给我的成交价是给你的价格的一半。

如果你还在为这种事情而大惊小怪，那么现今的海外旅行社可能就都没法生存了。但世界上原本该是一物一价——价值完全一样的物品价格应该相同。但是，由于价值与价格不同，所以在实际生活中，即便是同一价值的物品，也会出现不同的价格。也就是说，会出现"一物二价"的情况。

在这一海外旅行的例子中，由于游客不了解当地语言与市场行情，因此才会出现了"一物二价"的现象。也就是说，由于出现了卖家与买家在情报上的不对等，因此出现了"一物二价"的现象。

的确，当类似海外旅行等的"情报不对等"可能存在时，就可能出现"一物二价"的现象。另一方面，从投资的观点来看，在像金融市场这种全世界瞩目的舞台上，也可能会出现"一物二价"的现象。

归根结底，只要有人参与，就可能会出现这种现象。当然，虽然这种现象并不会经常发生，但一旦出现这种情况，如果投资者能够尽早发现，那么它则会成为珍贵的投资机会——马上对价值相同的东西进行低买高卖，就能几乎毫无风险地获得利润。这与在海外旅行的例子一样，当地导游用本地语言交易时买到了价格便宜的礼品，而旁边一无所知的游客在购买时却花了两倍的价格。听到这里，你会在这个事例中，看到利用情报的不对等来进行不正当交易的商贩。但在金融市场上，即便没有情报的不对等，也可能会出现这一情况。

在投资界，通常没有不承担风险就获得回报的情况。从这一意义上来说，寻找"一物二价"正是"探寻投资中的珍宝"。而要寻宝就要有藏宝图。HBS 的课程会给大家带来投资中的藏宝图——"分拆上市"与"套利"等关键词。这里，我们会通过举例来对这两个关键词加以介绍。这一话题稍有些晦涩，希望大家耐心看完。

首先，请大家对以下假想状况留有印象（为了尽量将这一部分内容简单地表达出来，例子中的数字均为整数，并且省略了数量的单位）。

◇波士顿公司拥有并且正在经营旗下具有成熟业务的 A 公司与新业务的 B 公司。

◇波士顿公司股票上市，时价总额变为 15。

这时，波士顿公司的时价总额，本来应该是开展成熟业务的 A 公司与进行新业务的 B 公司的价值相加得到的数字。但是，由于这两家公司都没有上市，因此并不清楚市场实际上会如何评价这两家公司。另一方面，如果参考已经上市的同行业其他公司的时价总额，那么这两家公司该怎样进行定价呢？这没办法进行估算。如下所示：

◇X 公司是开展成熟业务的 A 公司的竞争对手。X 公司只开展这一业务，其去年的利润为 1，时价总额为 10。因此，与此时价总额对比的利润倍数（PER）为 10 倍。

◇开展成熟业务的 A 公司去年的利润也是 1。假如用与对手企业相同的倍数去乘以利润，那么推测其时价总额即为 10。

◇进行新业务的 B 公司，也按照竞争企业 Y 公司的数字进行相同的计算，推算其时价总额为 10。

那么按照这样进行运算，A 公司与 B 公司推测的时价总额相加后得 20。那么，这一总额要比波士顿公司的时价总额 15 要高。也就是说，原本该出现的"1+1=2"并没有出现。用算式表示为：

进行成熟业务的 A 公司推测的时价总额（10）＋开展新业务的 B 公司推测的时价总额（10）＞波士顿公司的时价总额（15）

也就是说，相比在波士顿公司的旗下进行合算得到的评价，A、B两公司分别单独上市时市场给出的有关两公司业务的评价可能会更高。这种母公司的时价总额低于旗下的 A、B 两公司推测所得的时价总额之和的情况，叫作"多元化折价"。相反，如果母公司的时价总额高于 A、B 两公司的合算值时则被称之为"多元化溢价"。在出现多元化溢价时，两公司不会分别上市，市场会对隶属于上市公司旗下的这两家非上市公司的业务价值给出更高的评价。

假如大家是波士顿公司的股东，那么如果以上分析正确，你是否该考虑不单独持有波士顿公司的股票，而是分别持有 A、B 两公司的股票呢？像这样，在出现多元化折价时，对于波士顿公司的股东来说，将进行新业务的 B 公司分化出来，并通过其他途径上市，在持有波士顿公司股票的同时（只保留该公司中进行成熟业务的 A 公司的价值）也持有 B 公司的股票，同时成为波士顿公司与 B 公司的股东才是最为合理的选择。像这样将旗下企业分化出来进行上市称为"分拆上市"或者"股权切离"。

假设波士顿公司实际进行了对开展新业务的 B 公司的分拆上市。其示例如下：

◇ 波士顿公司使开展新业务的 B 公司上市。此时，B 公司与此前的推测一样，市场对其给予的好评是 10。

◇ 波士顿公司依然是 B 公司的 100% 股东，其股票价值为 10。

◇ 波士顿公司的目的是将 B 公司的股票价值还给自己公司的股东。具体做法就是在 B 公司上市的同时在市场上出售 B 公司 10% 的股票，获得金额为 1（B 公司的时价总额 10×10%）的等价现金报酬。而剩余的 90% 的股票则宣布会在 6 个月后以现物股息的形式转让给波士顿公司的股东（转让现物股息时，当满足设定条件时，波士顿公司的股东可以免税）。

◇波士顿公司的分拆上市战略获得了市场好评，波士顿公司的股价也上升到了 20。

至此，由于波士顿公司顺利实施了拆分上市计划，因而使自己公司的股价获得了提升。公司也如下所示，变为了 "1+1=2"。

开展成熟业务的 A 公司的推测时价总额（10）+ 出售 B 公司股票 10% 的等价现金报酬（1）+B 公司股票 90% 的时价（9）= 波士顿公司的时价总额（20）

在波士顿公司来看，这是一个可喜的结果，但故事还在继续。刚刚开展新业务的 B 公司股票，在上市后不久就如事先预想的那样，获得了市场的好评，股价急剧上涨。另一方面，以开展成熟业务的 A 公司为中心的波士顿公司的股价，却并没有再上涨，因此出现了以下情况：

◇B 公司的时价总额由开始的 10 急剧上涨到了 30。

◇因此，波士顿公司现在持有的 B 公司股票的 90% 的时价上涨到了 27（30×90%）。

◇另一方面，波士顿公司的时价总额虽然也有上涨，但只是从 20 上涨到了 22。

也就是说，算式表示如下，再次出现了 "1+1 ≠ 2"。

开展成熟业务的 A 公司的推测时价总额（10）+B 公司

股价的 10% 的等价报酬（1）+ B 公司股票 90% 的时价（27）

＞波士顿公司的时价总额（22）

在这种情况下，作为投资者的你会怎么办？ 如果你具有某种不可思议的感觉，那可能就是投资者的直觉。

这里为了陈述方便，我们假设波士顿公司在此之后，始终使用 B 公司股票 10% 的等价报酬。 如此一来，算式如下：

开展成熟业务的 A 公司的推测时价总额（10）+ B 公司

股票 90% 的时价（27）＞波士顿公司的时价总额（22）

如果市场所反映的时价正确，B 公司股票 90% 的股票时价是 27，而波士顿公司的股价是 22，那么要想使两者形成 "1+1=2"，则前面的运算中不能是 10，还需要再加 5（27–22–10）。 如果某一业务长期出现巨大亏损，那么这一业务的价值就有可能为负。 然而，开展成熟业务的 A 公司实际上虽然在盈利，但却很难将业务价值提升 5。

退一百步讲，假设开展成熟业务的 A 公司的价值为零。 也就是说，假设波士顿公司的全部价值都来自于 B 公司股票 90% 的时价。 算式如下：

B 公司股票 90% 的时价（27）＞波士顿公司的时价总额（22）

假设又过了 6 个月，就如公司上市时所宣布的那样，波士顿公司的股东以实物股息的形式分得了 B 公司 90% 的股票。 也就是说，只要以 22 的价格持有波士顿公司股票的股东，都能获得 B 公司股票 90% 的时价价值——27。即便市场给出的波士顿公司的时价总额是22，但股东却会获得27的价值，因此这时波士顿公司的时价总额以27收尾。算式如下：

B公司股票90%的时价（27）＝波士顿公司的时价总额（27）

也就是说，原本B公司股票90%的时价与波士顿公司的时价总额至少是相等的。但是，就如此前我们看到的那样，"价值"与"价格"两者似是而非。原本的"一物一价"会由于市场的扭曲而暂时变为"一物二价"。而这种"一物二价"的状态可以通过对股票进行分配而强制使其回归"一物一价"。

如果我们事先知道"一物二价"最终会回归"一物一价"，那就会出现绝好的投资机会。因为当我们对商品进行低买（多头操作）高卖（空头操作）后，在它们最终回归"一物一价"时，我们就确实能提高收益。这时，如果我们买入较为便宜的波士顿公司的股票，并对价格较高的B公司股票进行空头操作，那么就能获得两者间的差额5（27-22）的收益。这与B公司的股票是涨是跌完全没有关系。只要两者最终会等价，那么我们至少能够获得5的收益。这里我们举个极端的例子，假设波士顿公司的股价在回归前始终下跌。

实行多空操作：B公司股票90%的时价（27）＞波士顿公司时价总额（22）

◇对股价高的B公司进行空头操作。
◇买入（多头操作）较为便宜的波士顿公司的股票。

股票分配时，实行空头操作：B 公司股票 90% 的时价（已由 27 上涨为 32）＞波士顿公司股票时价总额（由 22 开始下跌）

◇空头操作的损益：对 B 公司 90% 的股票进行空头卖出。由于价格由 27 上涨到了 32，因此出现了 5 的损失（空头操作中股价上涨即是损失）。

◇多头操作的损益：作为波士顿公司的股东，获得 B 公司股票后卖出。如果在波士顿公司的股价为 22 时卖出，并在获得 B 公司股票后卖出，则能够获利 10。

◇综合损益：波士顿公司的多头交易盈利 10，B 公司 90% 股票的空头交易损失 5，两者差值为收益，因此其最终享受到的是我们事先预计到的 5 的收益。

像这样通过实行交易来确定，在交易中产生的未来最终收益的交易，叫作"套利交易"。能够进行套利交易，就证明存在"一物二价"。"多空交易组合"听起来或许有些复杂，但只要在价值相等的两种商品中，对低价商品进行低买，高价商品进行高卖就能抓住其诀窍。从这一意义上来讲，它们和之前所说的海外旅行的事例，并没有多大区别。

很多人都会想：这种事情真的会实际发生在市场上吗？虽然这样的投资机会并不会频繁出现，但是它也的确在过去出现过多次。最为著名的就是 2000 年发生的 3Com 科技与 Palm 公司的事例。Palm 公司是当时研制 PAD 的高科技企业。就像前面的例子一样，3Com 科技是如同波士顿公司一样的母公司，而 Palm 公司则相当于分拆上市的经营新业务的 B 公司。在 Palm 公司分拆上市时，出现了套利交易的机会。

当时，这一套利交易的机会在《华尔街日报》《纽约时报》等媒体上进行了大肆报道。因此，即便市场上的情报具有不对等性，经由大型媒体的报道后，这一消息也会被消化，但投资者还是放弃了这一套利交易的机会。在海外旅行的事例中，可以说是情报的不对等性引发"一物二价"情况的出现，但在这一例子中却并非如此。

那么，为什么会发生诸如此类的事件呢？众说纷纭。简单来说就是，市场是由人构成的。有种假说认为，此前我们介绍过的几种认知偏差的综合作用，助长了投资者的"不合理"的投资判断。例如，Palm公司的上市，引起了美国的IT泡沫经济。对于当时的投资者来说，上市的风险企业的股价日益创新高，已经成了理所当然的现象。在这一情况下，人们受到"对不久前的经历进行过大评价"或者"HOT HAND"等认知偏差的影响，助长了"不合理"的投资行为。

另一方面，并没有受到认知偏差影响、成功控制自我的投资者，则直接获得了进行套利交易的绝好投资机会。可谓是在投资者的寻宝之路中"发现了宝藏"。

即便如此，市场上从来"没有免费的午餐"，在这样诱人的美味面前，是否存在某些陷阱？

如同事例中说的一样，在因为分拆上市而出现的套利交易中，要点是能够确定"最终"实现获利。在波士顿公司与开展新业务的B公司的例子中也是如此，它们的"最终"获利能够事先确定。实际上实现获利的时间，是在6个月后B公司分配股票时。在这6个月期间，通过波士顿公司以及B公司的股票动向，投资者就能够清楚是否存在潜在损失。潜在损失指的是评价上的损失。

例如，以刚刚的套利交易为例，在进行交易后，B公司的股票继续大涨，而波士顿公司的股票却并没有上涨会怎样？也就是说，如果市场变得更加不合理，那要怎么办？算式表示如下：

套利交易进行时：B 公司股票 90% 的时价（27）＞波士顿公司股票时价总额（22）

套利交易实施后：B 公司股票 90% 的时价（由 27 上涨到 32）＞波士顿公司股票时价总额（由 22 上涨到 25）

◇ 对 B 公司 90% 股票进行空头操作：-8（27-35）

◇ 对波士顿公司股票进行多头操作：3（25-22）

◇ 潜在损失：-5（-8+3）

当市场更加不合理时，原本应该等价的事物的差值，就会由 5 变为 10。因此，通过套利交易虽然能够获利 5，但也有出现获利为 -5 的可能。也就是说，原本应该等价的事物的差值，由于市场的不合理性会变得更大，从而使潜在损失扩大。

即便如此，从数学角度来说，由于能够确定的 6 个月的"最终"获利为 5 并没有发生变化，因此无论进行怎样的选择，都会出现同一结果，但中途所选择的路径却不同。对于进行套利交易的投资者来说，在心理上要担负起在等待过程中可能会出现的巨大的潜在损失，是十分痛苦的。

股价理论上没有下限，同样也没有上限。因此，多头交易的最大损失，就是损失掉你所投资的金额，而空头交易的损失在理论上来说却是无限大。无论对"最终"获利多么确定，对这样超人气的 B 公司进行空头操作也需要勇气。

如果承受更多的压力，就能防止实际投资额的损失，那么或许用唯心论就能克服这一难关。但是，需要注意的是，如果对潜在损失应对有误，就有可能会导致"已实现损失"。特别应该注意的是，当你用"他人的金钱决胜负"时，请考虑以下情况：

◇ 大家作为投资者看到了套利交易的机会。

◇ 由于这样的投资机会不多见，因此你向亲朋好友筹集资金进行了交易。

◇ 在此期间，由于 B 公司的股票继续大涨，这使你的套利交易的潜在损失更为扩大。虽然你知道最终你会赚钱，但你的朋友却会因这种潜在损失的扩大而感到忧心。

◇ 忧心潜在损失会更加扩大的朋友表示要进行止损。虽然你尝试劝说他们，但是劝说无效。

◇ 没办法，你进行了止损。具体做法是卖出波士顿公司的股票，重新买入对其进行空头操作的 B 公司的股票（进行与此前相反的交易）。

◇ 结果，因这一交易而使损失确定了下来，出现了"已实现损失"。

如同事例中所示，利用自己的钱进行投资与用他人的钱进行投资，资金运作的自由度不同。也就是说，不用自己的判断而是通过他人判断进行的套利交易，极有可能最终会被强制结束。从"他人的金钱"这一意义上说，用保证金发挥杠杆作用进行股票的信用交易等的投资也是如此。即使这一交易"最终"有希望获利，但如果在其中途潜在损失不断扩大，那么就有可能出现强制止损。对于投资者来说，"利用谁的金钱投资"，也就是"用什么进行投资"非常重要，稍后会详述。

在现实世界中，很多投资者都经历过套利交易中的"潜在损失扩大之痛"。与 Palm 公司的案例相同，世界著名的 Creative Computers（母公司）与 uBid 公司（分拆上市的子公司）也是如此。这两家公司也和 3Com 科技与 Palm 公司的情况一样。当然，聪明的投资者实施了套利交易。但遗憾的是，由于 uBid 公司的投资者在上市后越发变得不合理，因而使套利交易的潜在损失不断扩大。在这里我们进行推测，一部分投资者受不了潜在损失的加剧，因此举旗投降，止损退场，从而使价格变得更加不合理，如同火上浇油。当然，最后，不合理的市场也会如此前预料的那样，最终以合理收场。能够忍受潜在损失的投资者，最终通过套利交易赚到了钱；无法忍受潜在损失的投资者，则以"已实现损失"的形式蒙受了巨大损失。

"市场的不合理性要比你的支付能力还要持久。"

这是海因茨说过的一句有关市场的格言。如果对于市场的不合理性进行过小评价，那么你就会遭遇困境。在投资者寻宝时也是如此。

构筑投资战略

————————— ◎ —————————

至此，我们已经对"分拆上市"与"套利交易"等关键词以及构筑投资战略到实行战略等各个方面进行了介绍。这里我们借机来简单地复习一下，当大家看到了投资的良机时，如何制定适合的投资战略以及在执行战略的过程中抓住要点。

1. 特定市场错误

在构筑战略时，首先要特定"市场的错误"。也就是说，针对"为什么现在市场出现了错误，如何才能改正这一错误"这一问题，进行必要的自我问答。例如，如果你认为某只股票的股价很便宜，那么你就要建立起"为什么市场让这只股票很便宜，这只股票怎样才能回到其真正的价格"的假说，并对此进行必要的验证。

例如，如果是此前介绍过的波士顿公司与分拆上市的开展新业务的 B 公司，那么就要建立假说，将"市场的错误"特定为"人类的认知偏差引起的市场的不合理性与'一物二价'"。

我们还可以灵活利用此前已经介绍过的"情报的获取方法""情报的解读法"等鉴别力的根源。例如，"市场对企业 X 本季度的业绩进行了过低评价。根据我获得的个人情报与解读方法，其业绩应该更好。这将会反应在本季度的决算中。那时股价会上涨到适宜水平"。

2. 特定催化剂

特定了"市场的错误"后，在建立自己的假说时，最为重要的一点，就是以什么为契机消除这种错误。无论投资者自己多么"合理"、正确，一旦市场持续"不合理"，那么搞不好就会持续出现潜在损失，进而永远无法实现获利。因此，有必要事先特定"契机"，这一契机被称为"催化剂"。

例如，前面我们介绍过波士顿公司与开展新业务的 B 公司的例子，其中的催化剂就是半年后将会实施的"波士顿公司的股东可分得 B 公司股份"这一计划。在这一催化剂实现时，市场一定会从不合理变为合理，因此，假如你的股票出现了潜在损失，你还会一直忍耐吗？我们已经看到了结果。相反，如果没有催化剂，那么不论你的投资构想多么出众，你都应该重新思考。如海因茨所说，市场不合理性的持续时间有可能要比你所料想的还要长。

3. 特定交易方法

对"市场的错误"进行特定，然后建立自己的假说，对催化剂进行特定等，之后就要对投资战略进行特定。即使是难得的构想，如果没有在市场上进行交易的方法，也无法实施。

例如，前面在我们所介绍的波士顿公司与开展新业务的 B 公司的例子中，我们施行了对波士顿公司进行多头操作，对 B 公司进行空头操作的组合交易。这是以波士顿公司股票与 B 公司股票都在市场上具有流动性为前提的。假如 B 公司股票的流动性非常小，不能实施空头交易，那么这一投资战略本身就不能实行。这种交易上的制约，就是放任市场不合理或者将其扩大的主要原因。

满足以上所说的三个要点的投资战略才值得实施。从这一意义上来说，我们介绍过的因分拆上市而出现的套利交易，几乎能够称得上完美。虽然没有哪一种投资战略能如此接近完美，但在今后发现投资机会、构筑投资战略时，却要经常考虑到这三点。

从 HBS 的最前沿研究开始学习（三）

"谁来投资"——理解动机之人控制投资

　　至此，我们不再停留在利用鉴别力的根源鉴别投资方向这一点上，而是着眼在"如何投资"这一点上。

　　从这里开始，我们会对"市场的不合理性"的发生、市场参与者们的动机与投资的关系等进行介绍。在经济学上的"经济人"会在利益（金钱）动机下进行活动，这是前提。但在现实中，人类还会在金钱以外的动机下进行活动。提前掌握它并发现投资机会与鉴别力之源有关。

　　即便实施同样的投资战略，动机不同的"人"进行的投资也会出现不同的效果。另外，投资者之外的参与者的动机与其展开的行动，也会给投资战略的实施造成影响。明星投资者不仅要控制自我，还要在"理解他人的动机"下发挥鉴别力。可谓是"理解动机之人控制投资"。

理解被雇佣的投资者的动机

———— ◎ ————

　　说到市场的参与者与投资的关系，当然离不开市场上的主角——

投资者。虽然统称为投资者，但他们也有着各种各样的类型。大致上我们可以将其分为个人投资者与机构投资者两种。

机构投资者从小型对冲基金到大型金融公司，种类多样，但他们的共通点都是"别人给钱，利用别人的钱进行金融运作"。也就是说，他们要领取工资，才会对他人的资产进行运作，就是所谓的"被雇佣的投资者"。从这一点上来说，他们和其他行业的上班族没什么不同。而个人投资者则是"靠自己，并用自己的钱进行运作"。

在机构投资者中，也有投资者"领取工资并对自己和他人的金钱进行金融运作"。他们自己成立对冲基金，作为个人企业对自己与他人的资产进行运作，他们会接受自身的金融运作所带来的好成果或坏成果。大多数明星投资者都是如此。这些投资者的表现与"被雇佣的投资者"不同。

在此，我们要针对占据机构投资者大半的被雇佣的投资者的诱因进行思考。当然，他们首先考虑的可能是要让自己运作的对冲基金表现出提升。无论哪一领域的商务人士，都会首先争取获得结果。但即便如此，要做到这一点，对被雇佣的投资者以及其他行业的上班族来说，都并非易事。

首先，金融公司自身要有能够从顾客那里筹集到更多的资产的动机。因为对于金融公司来说，可以变为自己收益的手续费体系，也会成为占据金融资产一定比例的金额。那么，什么样的对冲基金能够筹集到更多的资金呢？在制造业中，"只要生产了好东西就能卖"的时代或许已经一去不复返了。但这句话在投资界中却还很适用。投资界中的"好东西"，就是运作成绩良好的基金或者金融产品。将突出的金融成绩记录下来，并且返还给顾客相对较高的回报时，其他投资者也会开始打听并自筹资金。在这一行业里，表现卓越的消息会在瞬间传开。

这里所说的"运作成绩良好"，当然是指在绝对水平上的良好，但是相对评价也同样重要。也就是说，不满足于只出现了高水平的利润，在和进行同样的投资战略的基金比较时，也要有高水平的表现。

投资行业中，为了建立这一构造，才会围绕着获得客户资金而展开激烈的竞争。对于金融公司与基金来说，个人投资者自然是它们的大客户，而养老金基金等其他"被雇佣的投资者"也是其大客户。就像在生产中需要厂家（委托人）与下订单公司（受托人）一样，被雇佣的投资者也会互相委托或受托，为自己的顾客提供最好的回报。

这一为获得资金而进行的竞争的结果，往往会产生极端的偏颇。也就是说，在市场资金全部追逐业绩较高的基金群时，业绩差、居中或较差的基金则完全无人问津。基金的高业绩，自然建立在绝对水平之上，而其相对水平也需要处于顶尖水平。因此，在投资界，很多刚刚成立的小规模基金，都能够在短时间内创造出高回报，编造出瞬间使其规模扩大的成功故事。而如果业绩排名位于中等或较差的基金则筹集不到资金，从而逐渐被淘汰。为此，越是独立的基金经理，就越会产生从一开始就送出高回报的动机。

有趣的是，流入业绩好的基金中的资金存在不对称性，而从业绩不好的基金中流出的资金也存在不对称性。基金表现不突出，就不会有新资金涌入。而另一方面，不能维持业绩的基金也并非没有资金流入。也就是说，经各种研究表明，要获得资金重新开始运作，基金需要有突出的表现，而一旦有资金流入基金，那么不用说是维持基金的突出表现，即便是相较于其他竞争对手而言，自己的表现逊色，资金的流出速度也还是很缓慢。

这一现象从经济合理性到行为经济学的观点出发，都能够建立起诸多假说。例如，对于投资者来说，重新选择基金，需要花费很多成本，如交易成本、各种手续费等。因此，如果基金不能产生高于这些成本的表现，那么更换基金在经济上就不合理。另外，从行为经济学观点来看，这可能只是投资者并不在乎而已。而从认知偏差上来说，这说明"大脑喜欢惰性"的强力的认知偏差不可忽视。例如，默认设定的选项有可能就会变成个人投资者账户上的额度。即便在投资前期对基金进行详细调查，其结果显示这一基金会有良好的表现，可进行投资后有的投资者也因为对这一投资本身感到很满意，从而忽视了对各只基金的表现进行比较。大家是否注意到了呢？

作为已经从客户手中获得了巨额委托资金并正在进行金融运作的大型金融公司中的被雇佣的投资者来说，他们用巨大的风险换取较为突出的业绩的动机很小。因为即便他们能够取得突出的业绩，他们的报酬也不会像拥有私人企业的基金投资者那样与期待值相符，而且还有巨大的风险会带来巨大的失败，他们必须要避免"被解雇"。被雇佣的投资者背负着这种职业风险，与对手公司比较在工作中的动机，从而获得相对的"略胜"或者"没有大失败"。

因此，经营刚刚成立的小型基金的私人企业投资者，与大型金融公司中被雇佣的投资者的动机完全不同。

动机带来的千载难逢的机遇
——日经平均构成品种变更的案例分析

———— ◎ ————

机构投资者中的大部分都是被雇佣的投资者。他们中有的投资者能够准确地把握住这些被雇佣的投资者的动机，为了从中发现投资机会而发挥鉴别力。其中，格林伍德教授关注的代表例子，竟然发生在日本市场上。说起来那也是一个千载难逢的机遇——日经平均构成品种的大幅变更。格林伍德教授将其作为被雇佣的投资者的动机带来的投资机会的代表实例，他将其写作成案例分析并对其进行了讲授。

这里对这一案例分析加以介绍。

HBS 的案例分析，是以主人公的视点展开的。"如果你是主人公，你会做出怎样的判断？"——这是留给学生们的问题。因此，在进行案例分析时，需要有用于判断的事实。从教育观点来看，这反而难以写作。而且授课中要求的是将分散的事实巧妙地融合进课程中，并对自己的判断进行理论性说明。

这一案例分析就是如此。这里没有举出所有的事实，我们通过简单的概要来对"如果你是主人公，你要怎样进行判断"这一案例分析的命题进行思考。这里采用的是案例分析设定时的数据。

（案例分析概要）

◇ 时值 2000 年 4 月 14 日星期五午后。主人公是位证券商，当他看到自己工作的投资银行的金融情报末端流出的消息后，霎时惊呆了。信息速报中表明，在构成日经平均股价指数（日经平均）的 225 个品种中，竟然有 30 个品种一下子发生了变更。日经平均如其名所示，是选取 225 个构成品种的股价的平均值构成的指数。

◇ 看到这则消息的瞬间，身为投资者的主人公的第一直觉是：这是一个巨大的投资机会。但是，这一品种变更适用于 4 月 24 日前。时间并不多。他要尝试停止此前着手的事项，对这一投资机会进行整理。

◇首先，在国内市场上，预计至少有 2.4 兆日元的资金是与日经平均进行联动投资的，它们都由机构投资者运作。这些基金被称为"日经平均联动型基金"或者"被动基金"等。另外，即便机构投资者所运作的并不是与日经平均联动的基金，它们也大多会在计量业绩时将日经平均作为标准。因此，日经平均的 30 个品种变更带来的影响并不止于与联动的 2.4 兆日元，受其影响的资金是这一数字的几倍。

◇日经平均的构成品种变更，还会引起与其联动的基金以及投资组合的变更。也就是说，日经平均联动型基金会卖出被日经平均排除在外的品种，买入新的日经平均品种。因此，被日经平均排除在外的品种的股价大多会下跌，而新入选的品种股价则会上涨。对过去的事例调查得知，从公布新入选的品种后几日内，有的品种的股价会上涨 15%。

◇本次构成品种变更的特殊性在于其规模。此前虽然也会有几个品种出现定期变更的现象，但同时变更 30 个品种却是史无前例的。当时的日经平均品种全是陈旧经济品种，处于缺少近年来在日本经济中迅速崛起的新经济品种（高科技品种等）的背景（时代背景为网络泡沫时代）之下。对于股市运营方而言，他们以日经平均作为索引进行管理，并希望能够通过加入这些高科技品种，使其成为能够更好地反映日本经济实际情况的指数，这才会出现这次大规模的变更。

◇但是，这里的问题是，现在的新经济品种的股价，高于被排除掉的陈旧经济品种。因此，假设日经平均联动型基金变更交易，那么即便卖出被排除掉的陈旧经济中的 30 个品种，出售它们的价款也并不足以用来购买 30 种新经济品种。因此，为了筹措欠缺的购买费用，投资者需要卖出基金中所拥有的 195 个品种（225 个日经平均构成品种 - 被排除掉的 30 个品种）中的一部分。

这里，如果你是主人公，你会怎样找到投资机会，构筑并实施投资战略呢？

首先找投资机会。如同案例分析中说的那样，此前的日经平均构成品种的变更，虽然并不稀奇，但却都没有变更过这么多品种，因此这是极为稀有的珍贵的投资机会。为了抓住这一机会，就需要构建投资战略。案例分析中的主人公，要想使自己构建的逻辑变成投资战略，需要以下交易的配合：

◇ 随着日经平均构成品种发生变更的事情的公开，日经平均联动型基金以及以日经平均为基准的基金，都会因为这次变更而卖出被排除掉的 30 个品种，并用这笔资金购买新选入的 30 个品种。

◇ 因此，随着这件事情的公开，被日经平均排除在外的 30 个品种的股价会下跌，而新选入的 30 个品种的股价则会上涨。

◇ 如果是这样，那么投资战略就应在实施这次变更前，对被日经平均构成品种排除掉的品种进行空头操作，对新选入的品种进行多头操作，由此获得超额盈利。

这样的做法才是最为适合的。

接下来我们要对这一投资战略的实施时机进行思考。最关键的是，在公开日经平均构成品种变更的消息后，市场是否会将这一事实与它会产生的影响融入交易。变更品种的新闻在 4 月 14 日（周五）

下午传开了。当然，这是公开情报。而最晚在公开之后的第一个交易日——4月17日（周一），有的投资者会有与案例分析中的主人公一样的逻辑，并且将之转化为投资战略进而实施，这并不稀奇。而作为这一投资机会的关键——日经平均联动型基金如果预见到了这次品种变更，并且在4月17日开始进行交易，那么市场上的股价可能就会出现变动。如果是那样，那么想要通过这次交易获得超额盈利就会变得困难。因为大家已经出售了被排除在外的品种，导致其价格下降，而同时被买入的新选入品种的价格也会上涨。

思考这一问题时的关键，就是前面向大家介绍过的"被雇佣的投资者的动机"。

在这种情况下，如果你不是案例中的主人公，而是日经平均联动型基金的资金运作负责人的话，你会采取怎样的投资行为呢？日经平均构成品种的变更会在4月24日（周一）开始，而从4月14日（周五）的发布会开始到品种变更还有10天。如果自己运营的投资组合的确需要变更，那么你能在这一消息发表后马上进行变更吗？例如，能在发表后的第一个交易日——4月17日（周一）进行变更吗？

如果在4月17日（周一）对30个品种进行了变更，那么到24日（周一）前的一个星期的时间里，你自己所运作的日经平均构成品种225中的30个构成品种，就会形成不同的投资组合。即便是在短短一周内，当市场出现较大的波动时，股票的表现就会与实际的日经平均出现较大背离。由于这时的投资目的与日经平均联动型基金的投资目的不符，那么即便变更品种具有经济合理性，基金经理也不会选择这样去做，那样会使他承担自身的"职业风险"。

也就是说，与和自己形成竞争关系的其他被雇佣的日经平均联动型基金经理们相比，即便自己的特立独行符合经济合理性，但由于会给自身的职业生涯带来风险，因此被雇佣的基金经理们往往会产生回避这一风险的动机。

职业风险的程度，也可以称得上是基金设定目的的"日经平均联动程度"。纯粹的日经平均联动型基金，会受到基金创立计划书的制约，甚至不允许出现最小限度的背离。在这一动机下产生的职业风险，会受到基金构造上的制约。另一方面，在以日经平均为基准的主动型基金中，投资组合与日经平均间会出现多大的背离都由基金经理裁定。即便如此，对于这些基金经理而言，尽管程度不同，但运营与日经平均出现巨大背离的投资组合也同样会承担职业风险。

从以上情况看，被雇佣的投资者为了回避职业风险，会尽量将变更投资组合时可能产生的业绩上的背离控制在最小范围内。如果可能，他们会在日经平均品种开始变更后，再对自己的投资组合进行品种变更。从投资组合的业绩最大化这一经济观点出发，这或许是不合理的判断，但从被雇佣的投资者的动机来看却是合理的选择。只靠经济合理性并不能决定人类判断的合理性。但是，利用经济合理性之外的判断标准来追求合理性的市场参与者，却是追求经济合理性的投资者的绝好的交易对象。

如果这一假说成立，那么在构成品种变更适用日到来的24日（周一），这些被雇佣的投资者预计会立即集体采用以下投资行为：

　　　　◇ 卖出被日经平均排除在外的品种。结果，该品种的订单被大量卖出，导致这一品种的股价下跌。
　　　　◇ 购入新选入日经平均的30个品种。结果，该品种的订单被大量买入，导致这一品种的股价上涨。

也就是说，这与案例分析中的主人公所设想的一样。像案例分析中的主人公一样的投资者，和这些被雇佣的投资者动机不同，这对投资者来说是绝好的投资机会。在14日（周五）的发表结束后，迅速将被排除在外的品种清仓，买入新选入的品种。之后，在24日（周一）开始变更时，被雇佣的投资者会卖出被排除在外的品种，因此被排除在外的品种的股价会下跌，而新选入的品种的股价会上涨。由此，对这一投资战略进行的多空交易以及价值都获得了提升。在这一点上确定收益后，这一投资战略就以成功告终。

那么进展到这里时又会怎样呢？这一投资战略看似进展得很顺利。但是，案例分析中的主人公并没有到此结束运作。

接下来，主人公所关注的是日经平均品种变更后的情况。

假设日经平均品种变更与预期相符，主人公会按照事先的预想开始运作。这时可能会出现以下情况：

◇ 新选入的30个品种在开始变更后就被大量基金买进，其股价因这一需求而呈现上涨趋势。

◇ 另一方面，被排除在外的30个品种由于被大量基金卖出，所以其股价受卖出的压力影响而出现下跌趋势。

这样一来，因为品种变更的供需影响，日经平均构成品种的股价出现了上涨与下跌。但是，作为变更对象的企业的基本面会因为这一事件而发生改变吗？对基本投资者来说，他们的回答是"NO"。这些股价不过是受到了市场上技术面需求的影响而已。

那么，如果你是投资者，你会选取以下哪种投资战略呢？

◇ 新入选的品种和排除在外的品种，都因为日经平均品

种变更这一特殊情况，而出现了股价的上涨与下跌。这些都
与企业的基本面没有关系。

◇因此，当这一"特需"浪潮过去后，这些品种就会回
到基本面所反映出的股价上。

根据这一投资战略会进行以下交易：

◇对基本面没有变化，但却由于特殊情况而卖掉的排除
在外的品种进行买入。

◇对基本面没有变化，但却由于特殊情况而买入的新选
入品种进行空头操作。

也就是说，实施与变更前相反的投资战略。这种"特需"的浪潮
消退后，股价就会回归，反映其基本面，这种交易也能产生超额盈利。

但是，这种投资战略中有一个难点，那就是没有触媒。品种变更
前，投资战略中有 4 月 24 日（周一）的实现品种变更这一明确的触
媒。而对象品种的股价，则是回归到反映其基本面的价格。从某种意
义上说，它只是在"等待市场回归合理性"。像前面说过的，"等待市
场回归合理性"或许要比想象中的还要耗时，而且市场还有可能会变
得更加不合理。但是，耐心等待的投资者还是有胜算的。

以上是与日经平均品种变更的案例相关的投资战略概要。在实际
的课堂情况中，这一案例的主人公会作为嘉宾出现，向大家讲述他当
时的心境。从字面上看案例分析，你会看到这是前所未有的好机会，
认为按照案例分析中的投资战略去执行就行。但这其实不过是认知偏
差带来的结果论。真正在那时面对市场的投资者看来，要在有限的时

间里迅速发现投资机会、构建投资战略、确保投资资金等都需要鼓起勇气不断地实施投资。反过来说，只有能够做到这些事情的人，才会获得机会。

最后是案例分析的题材——针对日经平均构成品种变更的后话。从结论上看，它与此前我们介绍的投资战略的脚本一样。新入选的30个品种会在变更应用时因为特需而股价上涨。因特需而飙升的股价会直接纳入日经平均中。其结果是，新入选的30个品种的日经平均的构成，会从发布会起暂时占据较大比例。另一方面，大多数基金都会购买新选入品种或者卖出排除在外的品种以及其他构成品种，从而造成它们的股价下跌。而在品种变更后，因特需而上涨的新入选品种的股价会逐渐回落（回归基本面）。

有关这一系列事件，此前进行的大规模变更的结果是，日经平均的连续性在这一时点上被切断，要对其前后进行适合的比较分析会很困难。

交易动机的重要性——非经济卖家

日经平均构成品种变更的案例，是从被雇佣的投资者的动机中看到投资机会，从而构筑并实施投资战略以获得成功的极好例子。而且它也指出了与这一诱因相关联的概念——"交易动机"的重要性。在这里，我们略谈一下交易动机。

交易动机，是指投资者进行交易的动机。当然，作为投资者而言，不论他们是买入还是卖出某些资产，了解对方的交易动机都十分必要。尤其是在情报不对称时更加重要。例如，大家正在谈论购买A企业的股票，假设我们知道打算卖出股票的是A企业的社长，大家对于A企业的了解程度远远不及这位社长详细，那么社长为什么要出售自己公司的股票呢？其原因是看到A企业今后的业绩一片黑暗，还是社长的个人资产都在A企业的股票中，为了分散个人资产，所以才要出售A企业的股票并用其投资日经平均？两者的意义自然大不相同。这时，如果大家不能够正确地把握对方的交易动机，就会出现大错。

但是，由于大多数交易都是在市场上进行的，因此卖家与买家获得的情报并不对称。从买卖对象的股价上看，从卖家与买家对上市股票的交易动机不难发现，卖家给出的价格往往会偏高，而买家给出的价格则往往偏低，而买卖对象的股价则是由此总括而成的"市场趋势预测"。在这种交易动机下，并不存在能够使投资战略获得成功的要素。

但是，如果是像日经平均的案例分析那样，对方的交易动机明确，而且又与市场趋势预测相符，但却与经济合理性完全无关的情况发生时又该怎么办？在日经平均的案例分析中，操纵日经平均联动型基金的被雇佣的投资者，并不是因为被排除在外的品种值钱才要出售它们，而是由于基金的制约、职业风险等原因不得不出售。这种考虑经济合理性以外的交易动机的卖家，被称为"非经济卖家"，而同样的，买家则被称为"非经济买家"。

非经济卖家或许缺乏经济合理性，但他们绝不是不合理的。因为他们是以经济观点之外的其他合理性为标准来进行交易的。在日经平均的案例分析中，在品种已被排除后才出手的他们，虽然在经济上不合理，但从被雇佣的投资者的动机与基金构造上来看却是合理的。另外，进行与之完全相反的交易的投资者，如果只追求经济合理性，那么两者间相互补充不同需求的交易就会是真正的"双赢"。

不论是投资还是经营，能够发现"双赢"的机会，就是成功的捷径。从单纯以追求经济合理性为优先考虑的投资者看来，以交易动机、非经济卖家等为关键去寻找投资机会，就能够发现获得超额盈利的机会。与日经平均的案例分析一样，如果能够事先把握住非经济卖家的动机，或由于构造上的制约而产生的交易动机，就能迅速发现投资机会，实施投资战略。

发现非经济卖家并不容易。这里给大家举出几个发现他们的提示。

（1）与被雇佣的投资者的制约条件相抵触的现象

在日经平均构成品种变更的案例分析中就是如此。那样大规模的变更是极为罕见的，但被雇佣的投资者用以作为基础指数的构成品种的变更则是定期进行的。另外，如果投资公司债券的基金，出现了品种等级的下降，那么就会出现因为基金的制约而不能持股的例子。此时，基金经理一定会卖掉股票，成为非经济卖家。

（2）市场的流动性枯竭时

在雷曼兄弟公司出现危机前的上一次世界金融危机中，由于市场的流动性枯竭，被雇佣的投资者为了把资金返还给委托人而被迫变卖了基金的保有资产。为了变现而什么都要卖掉的被雇佣的投资者就成了非经济卖家。这时，只要能卖的都要卖掉。这里所说的能卖的东西，就是指相对来说的优质资产。不良资产是想卖也卖不掉的。也就是说，非经济卖家要卖掉高品质资产时，投资者只要进行反向买入，就能够得到获得超额盈利的机会。因此，一部分明星投资者在上一次的金融危机中，获得了巨大的回报。

（3）规制的变更

有时某些规制的变更也会使被雇佣的投资者不能再持有特定资产。例如，由于规制的变更，金融机构有时需要大幅削减风险较高的特定资产。但是，在规制变更时，大多会设定犹豫期，因此，像市场流动性枯竭的例子那样，被雇佣的投资者最终变为变卖规制对象资产的非经济卖家的情况极为少见。

像这样，站在非经济卖家的对立面，实施追求经济合理性的投资战略，是发挥鉴别力的有效方法。从这一意义上来说，最重要的是要尽量防止自己成为非经济卖家。如同此前所说的那样，被雇佣的投资者无论如何都会受到经济合理性之外的动机或构造上的制约。因为他必须要反映出他所操纵的金融资金的委托人的意向。但是，个人投资者并没有这种限制。因此，用什么性质的资金来进行投资会成为一个要点，而它也会成为鉴别力的一个重要因素。有关这一点，会在本章后面进行说明。

积极投资者真是为了改善经营吗？

———————◎———————

此前我们已经对被雇佣的投资者的诱因与交易动机引起的投资机会进行了介绍。接下来要介绍的是在众多投资战略中选取最"显眼"的战略的投资者。他们就是积极投资者。

美国电影或电视剧中的人物登场时往往会引用电影名作中的台词，或抒发胸臆，或开开玩笑。这种倾向不只在电视剧中，在实际的日常生活中也是如此。我在 HBS 留学时，也曾和美国朋友一起去吃饭，他们总会在聊天中不时地引用电影或电视中的对白。当然，如果你没有看过这些电影或电视剧，你就没办法与之继续聊天或说笑。人们总说沟通不仅需要语言，还需要掌握其背景文化，我对此也深有感触。

　　在任何场合都会引用电影或电视剧中台词的美国，在提到与投资相关的话题时也是一样。

　　以投资者为题材的电影并不多。那么众所周知又经常被人引用的投资者是谁呢？

　　答案是戈登·盖柯，20 世纪 80 年代的电影《华尔街》中的主人公，并且在近年拍摄的续集中也有出场。我想很多人都看过这部电影。在这部电影中，最为出名的场景就是戈登在想要夺取公司的股东大会上发表的用来说服股东们的演讲。特别是他在演讲中所说的"贪念至上"，也作为电影史上的一句著名台词而广为人知。

　　当然，投身于财经界的年轻专业人士不会有人没看过这部电影。有人还能背诵出戈登在股东大会上的演讲。

　　从这一点上来说，可以说戈登是世界上最为有名的积极投资者。积极投资者是指"掌握主动权的股东"。积极投资者会对董事会、经营团队等提出各种各样的要求。他们的要求总体上就是经营上的改善策略。例如，在结构重组的案例中，会涉及事业的全面改革以及董事会、精英团队的改组等多方面事宜。他们的要求基本上都是对现有的董事会、精英团队的做法等进行否定，因此双方自然会成为敌对关系。积极投资者会逼迫公司改善经营，从而试图提高公司的价值。如果公司的价值能够提高，那么他们所持有的股票的价值也会上涨。这就是积极投资者的目的。

积极投资者的提议对于公司来说大多都是重要的经营判断。提议内容不仅需要经营团队，还需要企业的所有者——股东的同意。而且不仅是经营判断，即便是董事会的交替等与公司领导有关的重要判断，也需要股东的同意。积极投资者在提出经营上的改善方案时，大多会一并提出公司领导人的变更提案，并且他们会直接向股东诉说这一提案。

股东可以通过股东投票来行使股东权利。政治上的投票是一人一票，但股东投票则是根据自身持有的股票数量来决定票数的。积极投资者为了获得在企业中的发言权，就要持有一定程度的股票。但持股超过半数的人却并不多见。因此，为了能让自己的提议通过，他们需要说服其他股东，获得他们的投票支持。

另外，当出现与现有的经营方针相左的议案时，董事会或经营团队自然要催促股东们投反对票。像这样，积极投资者与董事会、经营团队围绕股东投票形成了对立，这被称为"代理之战"。戈登·盖柯在电影中的那篇有名的演讲，也是代理之战的高潮，是戈登在股东大会上直接向股东倾诉的场景。积极投资者希望能够像戈登·盖柯一样，成为一位在公开场合与现有经营团队对决时也镇定自若的投资者。

说起现代的"戈登·盖柯"，就会想到卡尔·伊坎、比尔·阿克曼等运作以上兆日元为单位的大型对冲基金的明星投资者。从以大企业为目标的大型对冲基金到以小企业为目标的中小型对冲基金中，都有积极投资者。特别是大型对冲基金中的著名的积极投资者，他们经常会在媒体上露面，其中也有广为人知的个人投资者。因为是"掌握话语权的股东"，所以他们可以在电视或杂志上推广自己的主张，可以说，尽量向更多的股东直接倾诉，这也是投资战略的一环。因此，也可以说积极投资者万众瞩目。

在众多对冲基金的投资战略中，积极投资战略特别受欢迎。其原因是，通过实施积极战略，就可能使自己的行为变成让股价上涨的触媒。如同此前所讲的那样，有效的投资战略都需要触媒。即便发掘到了便宜的股票，如果没有引起市场的注意，没有使股价出现上涨机会的触媒，无论积极投资者持有股票多久，其股价也还是便宜。"杜鹃不叫让其叫"——说这句话的是丰臣秀吉，但这一想法也较为贴近投资战略。

说起积极投资者，一般都指像戈登·盖柯那样购买股票、取得发言权等成为多头投资者的人。但是，在市场上与多头相反，有些投资者会大量空头并在空头价位持股，表明目标公司的既有股票"股价过高"。他们严格说来并不是积极投资者，这些投资者在市场上被称为"空头投资者"。

他们会对目标公司进行大量的空头操作，并通过媒体告诉市场与既有股东"这只股票由于 XX 原因价格极高，在 XX 机遇下股价就会大跌"。这和作为企业的所有者行使股东权利等的原有的积极投资者的概念并不相同，但这种利用（空头）投资与普通股东进行直接对话，从而使自己成为触媒的投资类型，是广义上的积极投资战略。其代表实例是在金融危机时对出现漏洞的雷曼兄弟公司进行空头投资，并与其经营团队在公开场合反复对阵的大卫·埃因霍恩（David Einhorn）以及同样对安然（Enron）公司的股票进行空头操作的吉姆·查诺斯（Jim Chanos）等。

多空两方都有积极投资者，有时两者也存在对立关系。近年来被人们引为话题的，是与健康食品公司康宝莱相关的战斗。进行多头投资的积极投资者卡尔·伊坎与用巨额资金进行空头操作的比尔·阿克曼之间展开了壮丽绝伦的战争。金融媒体也对这两位大人物之间的对决尤为关注。而将市场的关注度推到顶峰的则是在经济频道 CNBC 上，两人通过现场直播所进行的对峙。这是一场激烈的言语之战，由于这一画面迅速通过社交媒体广泛传播开来，因此成了热议话题。对于想要受人瞩目的积极投资者来说，这种发展或许正合他们两个人的心意。顺带一提，当时的视频现在在网上也能搜索到，建议大家观看。

积极投资战略能够带来令人期待的巨大的超额盈利，可以说只要能够掌控好触媒的发作时机，它就会成为良好的投资战略。它在对冲基金中也很受欢迎。但是，事情真的能够进展得如此顺利吗？积极投资战略实际上会提高回报吗？而如果能够提高回报，那么它的根源又是什么？

格林伍德教授对这些问题一一做出了回答。在他的课堂上会有形形色色的大型对冲基金的嘉宾登场，他们每个人都会谈到积极投资战略，并且同意将其引用到格林伍德教授的研究与论文中。这是一些内行人都知道的投资界的见解，这里做些简单的介绍。

以往的研究并没有得出积极投资战略直接有利于股东价值的提升（股价上涨）这一结论。学者们普遍认为，积极投资者对投资对象企业提出的经营改善方案，对这一企业产生的作用有限，不能得出它与股东价值提升间的明确的关联性。

但在近年的研究中，积极投资战略的效能已经获得了一定程度上的认可，例如公告效果。研究结果表明，一旦对冲基金宣布对目标企业实施积极战略，目标企业的股价就会上涨，短期内能够获得 7% 的超额盈利。著名积极投资者在表明要购买目标企业的股票后，该股票的股价通常都会上涨。这就是通过大型对冲基金的积极战略获得股东价值的提升。

积极投资战略不仅能获得短期收益，也能获得长期超额盈利。它不仅具有短期公告效果，还能长期为提高股东价值而提供附加价值。也就是说，它会带来短期公告效果以及长期附加价值效果这两种超额盈利。

那么，这些超额盈利的根源是什么？理论上，假说的逻辑是"积极投资者会刷新股东以及经营团队，或者促进经营阵容改善工作，使企业价值获得提升"。这是最合理的假说，也与积极投资者的印象相符。但迄今为止，还没有能够印证这一假说的有力研究。另外还有通过积极实施股东回馈政策（增加配股或增加增持本公司股票等）来提升股东价值等措施，但这些都不是决定性原因。

格林伍德教授在论文中对这一超额盈利的根源，建立了与以往不同的假说，并对其进行了求证。其假说如下：

◇ 积极投资者的超额盈利根源，取决于是否收购目标企业。

也就是在这一假说中，积极投资者的附加价值，不在于实施经营改善策略或刷新管理，而在于使目标企业被其他公司高额收购。

这是一种颠覆以往对积极投资者印象的假说，但在理论上却是可行的。积极投资者原本也并不拘泥于改善经营。他们的动机是追求经济合理性，而不是改善经营、重新树立企业。改善经营不过是他们的手段之一。如果有其他方法能使他们的收益提高，那么积极投资者就绝不会局限于此。

而且对于积极投资者来说，假如自身的投资战略的触媒是收购目标企业，那么这可以说是一种最理想的结果。首先，在收购中必须要有对"买家"股东和"卖家"股东来说极有吸引力的提案。出售公司是一件经营中的大事，必须经过被收购企业的股东投票做出决定。因此，在制作收购提案时，要提示被收购方的股东在最近的股价中加价。这一加价，对于包括积极投资者在内的被收购方股东来说，就意味着收益。

另外，如果投资战略的结果是收购目标企业，那么积极投资者就会因为股价上涨而获得巨大回报，与此同时也就不用担心资金回收退出的问题，这也是一个好处。采取积极投资战略时，当然需要大量购买目标企业的股票。股票的占有份额越多，在目标企业中的发言权就越大，战略的时效性也会越高。另一方面，由于目标企业的股票流动性会逐渐枯竭，一旦那时再想要寻找买家，就会变得极为困难。假如战略成功，那么即便股价上涨，如果没有买家，也无法实现获益，不过是画饼充饥、望梅止渴。这时就需要花些时间将其逐渐卖掉。但在这段时间里，股价也有可能会下跌。在这一点上，如果以收购目标企业作为资金退场的手段，那么就可以对这一公司的所有股份进行高价收购，因此就不需在意流动性。这可以说是一种理想的结果。

为了验证这一假说，格林伍德教授对 1993 年到 2006 年间成为积极投资战略目标的美国企业的一些实例进行了验证（这一研究只覆盖了传统的积极投资者，并不包括空头积极投资者）。从结论上看，在积极投资战略中，使目标企业最终被收购的，能够获得很高的超额盈利而并没有进行收购（大多数积极投资战略案例）的企业从长期上看，其超额盈利几乎为零。结论归纳如下：

◇ 当目标企业最终被收购时，短期公告效果：约 5%。

◇ 当目标企业最终没有被收购时，短期公告效果：约 2%。

◇ 当目标企业最终被收购时，长期附加价值效果：约 26%。

◇ 当目标企业最终没有被收购时，长期附加价值效果：约 0%。

也就是说，积极投资战略的超额盈利根源，是迫使目标企业被收购而获得的收购差价。这一结论与此前固有的积极投资战略的超额盈利根源——改善目标企业的经营大相径庭，是非常富有启示性的内容。另外，有趣的是，即便是在目标企业最终被收购的案例中，积极投资者在最初发表积极投资战略公告时，也大多都是以改善经营策略等其他内容为主，并没有提出收购目标企业。也就是说，在他们的投资战略中，他们最初并没有将转让企业作为假定触媒，而是在公告后进行了目标修正，最终通过转让回收资金产生差额收益。

这样我们就能够将超额盈利的根源确定下来。下一个谜团是积极投资者的技能是否与这一结果有关联性。我们举出以下两个假说的例子：

◇ 积极投资者的出现与企业收购相关。也就是说，如果没有积极投资者，就无法实现企业收购，目标企业的股东也就不能享受到收购带来的差价。
◇ 无论积极投资者是否想要出现，目标企业最终都会被收购，这一结论不变。也就是说，无论积极投资者多么善于选择股票便宜的企业作为目标，并且用超额盈利作为佐证，他们的投资与收购这一结果之间也没有直接的因果关系。

要想发掘出较容易成为收购目标的企业，首先就要以找到低价股票为目标，这在市场上广为人知。那么容易成为积极投资者的目标企业的特征如下：

◇ 公司规模较小。

◇ 估值（PBR 等）低。

◇ 跟踪证券分析师少。

◇ 与同行业其他公司相比业绩差。

格林伍德教授也针对这些问题进行了验证。其结果是，与积极投资者相关的目标企业被收购的可能性更大。也就是说，积极投资者对目标企业的投资行为与目标企业最终被收购这一结果有关。

对于这种结果有两种看法。一种认为，积极投资者自行运作，通过向候选买家推销目标企业而促成目标企业被收购。也就是说，积极投资者作为目标企业的卖家，直接对转让对象做工作，以便提高收购的可能性。作为卖家，积极投资者会尽量找机会寻找能出高价买走自己公司的买家。

另一种看法是，积极投资者把对目标企业采用积极投资战略这一事件向市场公开，使其成为一个对候选买家来说的积极信号，从而实现目标企业的收购。也就是说，不论出于何种意图，积极投资者的行为本身就可能会间接提高收购的可能性。换言之，候选买家承认积极投资者的鉴别力，同时还会借用这一鉴别力去发现廉价的收购对象。

而对于积极投资者来说，不论是直接还是间接，只要出现收购者，那么他就会成为自己投资战略中的触媒，其投资战略就会成功实现。两者存在着双赢关系。

作为积极投资者的代表人物戈登·盖柯在目标企业的股东大会上发表的著名演讲，也完全是为了投资收益。"Greet is good"，因此积极投资者的动机只有经济利益。为此，向目标企业提出经营改善方案、刷新经营团队等都是手段，格林伍德教授给出的提示是，如果没有投资对象，目标企业就不能变为收购目标，那么就很难实现收益。

从这一意义上说，积极投资者的鉴别力的根源的要点，集中在如何找出能够轻易实施收购的投资方并将这一投资方转化为候选买家。M&A 经常被人比作是结婚，而优秀的积极投资者的本质，或许就是做一个优秀的竞赛制造者。

理解企业的动机
——上市企业中大多为母子公司的日本机会多多？

———— ◎ ————

此前已经从各种类型的投资者的角度出发，就动机与鉴别力的关系问题进行了讲述。接下来要向大家介绍的，是在市场上与投资者同样重要的参与者的动机与鉴别力。对投资者来说，那就是他的投资对象——企业。

企业发行股票或债券，调度资金，经营事业。投资者则对其股票与债券进行投资。从生意关系来看，企业是卖家，投资者是买家。如果单纯追求经济合理性，那么卖家想要尽量高卖，而买家则想要尽量低买。因此，企业想将自己公司的所有股票或债券都能高价卖给投资者。

但是，这里较为难办的是，企业有时会为了与经济合理性不同的动机而采取行动。

例如，上市的 A 电机厂拥有并经营着主营半导体业务的非上市子公司 B。母公司 A 电机厂为追求经济合理性，要求子公司 B 最大限度地提高收益。这样母公司 A 所经营的子公司 B 的股票价值就会上涨。而对于母公司来说，子公司 B 的价值并不一定完全是以经济合理性为基础的。

例如，母公司 A 为了能够让自己公司产品中使用的半导体货源稳定，它会要求子公司 B 优先供货给自己，而且还会根据母公司 A 的计划，要求子公司 B 进行设备投资。对于母公司 A 来说，它并没有选择经济合理性，而是以"优先调度"为前提。另一方面，对于子公司 B 来说，将自己制造的产品供应给其他公司，要比供应给母公司更加能够获得高收益。因此，子公司 B 脱离母公司 A 的束缚，作为个体进行经营，会使其企业价值更加得到提高。

在这种思想下，母公司 A 就会出现多元化折让。因此，投资母公司 A 的投资者就会提出出售子公司 B 或者分拆上市的要求，这一点儿也不奇怪。如果母公司 A 只追求经济合理性，那么相比自己旗下的子公司 B 被分拆上市后，出售子公司的高额股票才是合理的做法。但是，自己控制子公司 B 有一个独特的优势——那就是能够确保半导体的稳定供应。半导体的稳定供应这一优点，有可能会对母公司 A 的企业价值起到巨大的推动作用。如果是这样，那么对于母公司 A 来说，将子公司 B 置于旗下就会具有广义上的经济合理性。

那么，如果你是母公司 A 的社长，你会怎样决定呢？是不是既想让子公司 B 的企业价值获得最大提升，又想要保住"优先调度"这一优势呢？作为公司社长，他的动机就是追求这种二者兼顾的方法，如以下方法：

◇ 母公司 A 使子公司 B 得以上市，并向市场出售一部分股票。

◇子公司 B 的半数以上股票仍在自己公司手中。

　　这种母公司与子公司同时上市的情况，被称为"母子上市"。如果母公司 A 放出子公司 B 的所有股票，那么两公司间的从属关系就会消失，这样就不是母子上市。但如果母公司 A 持有子公司 B 超过半数的股票，那么两者间的从属关系没有消失，这就是母子上市。采用这种方法，可以使母公司 A 卖掉子公司 B 的部分股票，从而获得买卖收益。而这一买卖收益，既可以用于公司的其他业务，也可以返还给股东。另外，由于 A 还继续持有子公司 B 过半数的股票，因此仍在实际控制着子公司 B 的实际经营权，从而继续享受着"优先调度"的优势。

　　这一选项对于母公司 A 来说优点多多，但如果我们是子公司 B 的股东的话，又会做何感想？作为子公司 B 的股东，我们一定希望将自家产品卖给能够获得最大收益的对象，我们希望能够追求企业的价值最大化。而在这一对象不是母公司 A 时，子公司 B 才能将自己的企业价值提升到最大。另一方面，母公司 A 也是子公司 B 的股东，它持有过半数的股票，也就是实质上在控制经营权。经营团队也有可能会按照母公司 A 的意向去行动。

　　这就可能会出现经营公司的经营团队，有时与公司的所有者——股东之间产生利益不一致的情况。由此出现的企业价值的损毁被称为"代理成本"。对于公司的所有者——股东来说，经营者是委托经营的"代理人"。但是，通过代理人来经营公司，则会比股东自己直接经营要花费成本。这一成本总称为"代理成本"。

　　在母子上市中，这种代理成本会特别高。因为对于母公司 A 来说，它可以无视子公司 B 的股东，实际上进行单独追求自我利益的经营。因此子公司 B 的股东（除母公司 A 外的少数股东）会扣除这一代理成本，算出子公司 B 的企业价值，然后再以此为根据进行投资。相反，作为母公司 A 则想让子公司 B 的股东将这一代理成本看得越小越好，这样就能使子公司 B 的股票卖出高价。也就是说，母公司 A 和子公司 B 的股东有着不同的动机。

格林伍德教授对母子上市后带来这种动机上的异同与因此而出现的超额盈利机会非常关注。因此，他对日本市场上的 431 家母子上市案例进行了研究。前面也曾提到过，格林伍德教授正在以日本市场为对象进行研究，这一研究对象之所以选择日本市场，就是因为他注意到日本市场的母子上市现象显著。在对母子上市进行相关研究中，格林伍德教授建立了以下假说：

◇ 母公司会在市场对子公司的企业价值做出过高评价，同时又希望市场能对子公司的代理成本做出过低评价，并在此时让子公司上市，通过股票交易获利。

◇ 子公司上市一段时间后，市场逐渐意识到对子公司的企业价值做出了过高评价（对代理成本做出了过低评价），在代理成本能够正确反映股价后，子公司的股价会与上市时相比有所下跌。

◇ 子公司股价下跌时，母公司会回购股价与初上市时相比更为便宜的子公司股票。子公司重新成为母公司的 100% 子公司，因此消灭了代理成本（所有与经营再次成为一体）。子公司企业价值上升，吸收子公司的母公司的企业价值也获得提升。

格林伍德教授验证的结果可以说明以下几点：

◇在母子上市中，母公司会在子公司开展的业务获得高度评价时使其上市（如IT泡沫经济时代的IT子公司等）。在子公司上市后的两年间，母公司所获得的平均累积回报率与子公司相比，母公司是2.6%，子公司则是8.7%，子公司股价会大幅下跌。

◇另外，母公司与子公司之间从前存在母子公司交易关系等，代理成本在子公司上市时越大，上市后子公司股票的下跌幅度就会越大。也就是说，由于在初期投资者对代理成本给出了过低评价，因此之后股价正确反映代理成本时，就预示着子公司的股票会下跌。

◇在作为研究对象的母公司中，约有1/4的母公司已经回购了子公司的股票。与上市时购买这些被回购的子公司股票的价格相比，这一投资回报的中间值为▲41%。也就是说，母公司会在子公司上市时进行高卖，然后在其日后价格便宜时低买回购。

逢高卖出、逢低回购是典型的空头战略。格林伍德教授的研究指出，母公司是空头投资者，它会让"值钱"的子公司上市，并在市场上将其售出，当其价格适当回落时再将其购回。企业的经营团队也是投资者发挥其独有的鉴别力的证据。

在母子上市中，前面举出的分拆上市的实例——3Com和Palm公司的例子，就是能够证明子公司的股价在上市时能够"值钱"的根据。那是因为子公司的事业存在潜力，所以市场才会对其做出不合理的反应。但在此基础上，就像格林伍德教授的研究中所揭示的那样，市场对于代理成本的过低评价也是子公司上市时价格偏高的重要原因，值得关注。在这种状况下研究投资，要适当地对这两点进行思考，之后再部署投资战略。如果忽视这两点，日后可能会出现惨痛的教训。

格林伍德教授的研究得出的结论是，具有鉴别力的不是对上市的子公司股票进行投资的投资者，而是母公司的经营团队。那么，以这一结果为依据，难道就没有能让对子公司进行投资的投资者发挥鉴别力的投资战略了吗？

例如，虽然在子公司上市时，市场对其代理成本给出了过低评价，但随着时间的推移，市场会发现代理成本的适合价值，子公司股价就会下跌。反之，如果这时能够清楚股价下跌的原因，那么除去这原因后，股价还会上涨。也就是说，如果解除出现代理成本的最根本原因——母子上市问题，那么子公司的股价就会上涨，子公司的股东们也会获得收益。构筑的投资战略是对子公司的股票进行投资，通过积极战略，迫使母公司解除母子上市局面，使其回购子公司的所有股票。"收购子公司"这一触媒，从我们已经介绍过的战略研究成果的观点上看，也是最为理想的。

很多对冲基金都在日本实际尝试了这一投资战略。其中最有名的，就是著名的积极投资者理查德·佩里（Richard Perry）所带领的佩里基金（Perry capital）。格林伍德教授与此人关系亲厚，而且还亲自撰写了佩里基金的案例分析。佩里也曾作为嘉宾来到过课堂上。

但是，这一战略总体上却并不能说是成功。因为这里使产生的触媒——"收购子公司"发挥作用的只能是母公司。在其他情况下，积极投资者作为子公司的卖家，可以将子公司卖给其他公司。但是，在母子上市中，由于母公司控制子公司半数以上的股票，因此没有母公司的同意，子公司就不能卖给其他公司。而具有除经济合理性之外的动机的母公司，可以单凭经济合理性这一原因，将子公司出售给其他公司，也可以不进行子公司收购。最终，如果与积极投资者动机不同的母公司无意，这一触媒就无法成立。因此，这一投资战略存在难度。

在市场上，不仅只有投资者具有鉴别力，与投资者处于对立关系的企业有时也能发挥独特的鉴别力，获得超额盈利。作为投资者，不仅要解读其他投资者的动机，还要对企业的动机进行解读，并在此基础上构筑、实施投资战略，这才是获得成功的捷径。

国会动向左右股票价格？

──────── ◎ ────────

在这里，我们再来说一说政治家与投资者、企业的不同。虽然他们不是市场的直接参与人，但是却与对市场有着强大影响力的一方的动机与鉴别力有关系。

政治家与此前提到的投资者、企业、证券分析师等不同，他们并不是市场的直接参与者，但他们却会对国内政治局势、国内市场产生巨大影响。因重要政治家的言行引发市场变动，乃是家常便饭。

什么是能够打动政治家的动机呢？当然，所有政治家都有着崇高的志向。除此之外你还能想到什么？

或许你听过这样的话。

"猴子从树上掉下来还是猴子，但政治家落选就成了普通人。"

对于政治家来说，选举就是生命。例如，如果国会议员想在国会选举中获胜，那么就需要地方投票。要想获得地方投票，首先就要为地方的权力而展开行动。具体来说就是赞成对地方有利的议案，反对不利的议案。也就是说，国会议员要通过国会投票这一行为反映地方的意向，这是其强烈的动机。

这里所说的"地方意向"分支很多，但从投资的观点来看，就是思考能够对地区经济产生影响的政策，并对这样的政策进行投票。具体来说就是赞成对地区产业、企业有利的法案，反对不利的法案等。在美国，跨越党派这一壁垒、为了地区而投票的议员并不稀奇，因此，这一倾向会表现得更为明显。

国家政策会对成为政策对象的行业产生巨大影响。为此，政策的内容、情报等都是构成对象行业中的企业股价的重要信息。这些重要情报要通过解读法案内容才能了解，但每位政治家所拥有的个人情报，也能通过这位政治家的投票行为表现出来。

关注与政治家有关的"动机""投票行为""重要情报""企业股价动向"四个关键词与鉴别力的关系的，正是科恩教授与马罗伊教授。

两位教授提出的假说如下：

◇假设议员 A、B、C 与议员 D、E、F 正在对法案 X 进行审议。

◇议员 A、B、C 的政治声援地虽然各自不同，但那些地方的主要地区经济中心却都是能源行业。因此，议员 A、B、C 集体赞成对能源行业有利的法案，反对不利的法案的可能性会很高。另一方面，他们对有关汽车的法案并不十分上心，因此这一法案有可能不会通过。

◇议员 D、E、F 的政治声援地虽然各自不同，但那些地方的主要地区经济中心都是汽车行业。因此，议员 D、E、F 集体赞成对汽车行业有利的法案，但反对不利的法案的可能性就会很高。另一方面，他们对有关能源行业的法案并不十分上心，因此这一法案有可能不会通过。

◇ 因此，如果对参与法案 X 的议员 A、B、C 与议员 D、E、F 的投票行为进行分析，就能得知这一法案对能源行业来说是否有利或者无关。例如，议员 A、B、C 集体反对法案 X，而议员 D、E、F 的投票却较为零碎，那么大家表决的法案 X 有可能会是对能源行业不利的法案。

◇ 对法案 X 进行的投票表决行为是公开情报，市场会将这一情报反映在能源行业的股票上。具体来说，就是如果这一法案对于能源行业来说是负面消息，那么股价就会在法案 X 成立的同时出现下跌。

为验证这一假说，两位教授对 1989～2008 年在国会进行表决的法案以及国会议员的声援地与投票行为进行了分析。结果令人深感有趣。从上述例子得出了以下结论：

◇ 市场对于法案 X 带来的针对能源行业的负面消息（或者积极消息）的影响，并没有在法案成立后立即反映出来，而是要花一个月以上的时间才能做出反应。另外，没有征兆显示市场会预先以法案成立为前提形成股价。

◇ 因此，在法案 X 表决后，如果对能源行业企业进行空头（积极信息时采取多头）操作，那么就有可能获得超额盈利。

◇ 在这一框架中，对象法案通过后，如果对象法案对对象行业会产生积极作用，那么就对该行业进行多头操作，如果产生的是消极作用，就实行空头操作的投资战略，这样的超额盈利也能达到年利率 11%。

投资者应该在法案成立后而不是在法案成立前对此进行斟酌，这样才能在实施投资战略后获得超额盈利。也就是说，国会议员的动机带来的重要情报在对市场公开后，股价不会立即发生变动，而是会保持一段时间。可以说这是理解动机、控制情报解读法这两个鉴别力的根源，同时也是投资得以获得盈利的绝好例子。

从实践 HBS 的投资手法开始学习

"投资什么""谁来投资""如何投资"
——哈佛大学基金的鉴别力

至此，我们不仅对作为鉴别力根源的"投资方向"这一要点进行了关注，还对"谁来投资""怎样投资"等概念进行了关注，并对与此有关的 HBS 的年轻教授们所进行的最前沿研究进行了介绍。

接下来，我们将对作为鉴别力根源的"投资什么"这一要点进行关注，对"谁来投资""怎样投资"等概念给出提示，并对哈佛大学基金的鉴别力的根源进行介绍。

HBS 引以为傲的案例
——哈佛大学是世界首屈一指的投资者

———— ◎ ————

哈佛大学不仅仅研究投资，作为首屈一指的投资者，哈佛大学还会实际运用该校的资金进行投资。 接下来我们向大家介绍作为首屈一指的投资者而驰名的哈佛大学基金的投资手法。

无论在 HBS 的哪一科目中，都会有被称之为名篇佳作的案例分析。在经营计划研究课上，有作为美国铁板烧店而风靡一时的餐饮企业红花的案例；在领导力课程中，有危机管理的案例；而在投资课程中的名篇佳作，则无疑就是哈佛大学基金的案例了。

HBS 引以为傲的哈佛大学基金的案例的概要如下：首先叙述案例中的主要事实，然后针对哈佛大学基金在投资手法上的特征进行深入挖掘。由于此案例的展开舞台是 2010 年，因此如无标记，所用数据均为当时数据。

◇ 哈佛大学创始于 1636 年。用捐款等组建而成的基金运作在创始之初，就在支撑该大学的运营方面起着重要作用。

◇ 2009 年，其基金总额已达 250 亿美元以上（注：2015年 6 月为 376 亿美元），规模堪称美国大学之最。每年的大学经费中，有 14 亿美元以上的资金来自于基金所得，占整个大学经费的 38%。商学院、医学院等各学院都在基金中占有份额，但由该基金统一运作。基金所得收益会按各自所占份额的比例进行分配。

◇ 基金的目的是为了在通货膨胀中保值。因此，进行运作的资金没有期限，基金是以在未来持续运作为前提的。在过去几十年中，基金的分配率（分配给大学管理的分配额 / 基金总额＝分配收益率）在以 3%～6% 推移，平均为 4.4%。通过持续的捐赠，基金在以年利率 1.5% 的速度增加。假设通货膨胀程度与此相同，那么为了维持基金的价值而且保持分配率不变，则需要获得年利率 5%～6%的回报。

◇基金的资产运作交由哈佛管理公司（HMC）负责。HMC 创立于 1974 年，公司有 180 名员工，其中 40 人是专业投资人士。

◇通过自己的公司来进行金融运作，是 HMC 的运作特点。几乎所有的大学基金，都是委托外部的资产运作公司来进行经营，而 HMC 却自己经营 36%，将 64% 委托给外部公司。通过雇佣优秀的人才进行公司内部运营来节省成本。1998 年，外部委托的资产只有 26%(共计 6 家公司)。外部委托比率逐年上升，是因为公司内部运营基金的基金经理自立门户，并在其独立后还继续对基金中的资金进行运作。HMC 通过继续将资金委托给独立的基金经理，获得了手续费上的优惠。

◇HMC 的运营资产构成中，股票、债券等传统且流动性高的资产所占比例相对较小，非传统的流动性较低的替代性资产的占比较大，这是其特点。在替代性资产中，该公司会投资个人资产净值、有价商品、对冲基金、不动产、基础设施以及森林等。20 世纪 90 年代前半期，美国的大学基金的投资类型，都是对在美国国内上市的股票以及以美国国内债券为主的流动性强的传统资产进行投资，近年则开始逐渐加大对可替代性资产的投资比例。

以上是哈佛大学基金的案例描述中的主要事实。接下来，我们再就这一基金所使用的运营手法上的特征进行深入挖掘。

拥有投资界圣杯的哈佛大学基金

———————◎———————

不仅是哈佛大学基金，所有大学基金的最大特点都在于其所运作的资金的性质。这里所介绍的被雇佣的投资者，都是在运作"别人的资金"。既然是运作"别人的资金"，那么就要配合"别人"的情况来运作资金。这里所说的"别人"，等同于向信托基金经理购买产品的顾客、在银行存款的开户人、在保险公司投保的投保人。如果自己成立并运作基金的对冲基金经理不用自己的资金，而是募集他人资金进行投资，也属于这种情况。

不论是多么有鉴别力的投资者，在利用"别人的资金"时，也不能违背"别人的情况"。即便拥有鉴别力，如果因为别人的情况而不能按照自己所想去运作，那么也不能发挥鉴别力。

在这一点上，哈佛大学基金所代表的大学基金，主要是通过毕业生捐款的方式构成的。典型的案例就是毕业生通过职业经历获得商业上的成功，在累积了巨大的财富后，将自身资产的一部分捐献给学校。哈佛大学基金运营的，是从捐赠人这一"别人"手中获得的资金，这是事实，只不过这一资金却永远不需要返还给别人。即便是在金融危机时，这笔存放的资金也不会有顾客或存款人来提取。从这一意义上讲，财团也拥有同类的资金性质。

当然，大学基金会按照捐赠人的期望尽力去运作，这一点不会改变。为了能为大学的运营做出贡献，就需要使资金增加。但是，因为这是不用返还的资金，所以运营者不需要根据"别人"的情况进行运作，所以他们可以长期发挥鉴别力。对于投资者来说，这是求之不得的资金。"所以，不需要根据别人的情况而运作的资金"，才会被称为

"投资界的圣杯"。

　　明星投资者已经获得了这一投资界的圣杯。因为他们已经清楚地知道，投资什么会给业绩带来什么样的影响。"金钱不分三六九等"——这句话并不适用于资金运作。决定投资什么需要鉴别力。明星投资者要确保"无论投资环境多么恶劣都要相信自己，并能够持续把资金寄存在自己这里，而不是寄存于提取金钱的资金提供者（赞助人）"。拥有强大赞助人的投资者，即使在投资环境恶化时，也能从赞助人那里获得新的资金流入。这样他就能够大幅买进低价资产，发挥鉴别力。

　　被雇佣的投资者在利用"别人"的资金进行运作时，需要做好根据"别人"的情况而提取资金的准备，必须确保基金的流动性（变现性）。为此，他不能对没有流动性的资产进行投资。反之，像哈佛大学基金一样没有约束的投资者，则会积极地对没有流动性的资产进行投资。流动性本身在市场上就有价值，因此，确保流动性就需要投资者对其进行等价支付。反之，投资没有流动性的资产，就没有必要支付等价报酬，因此这一部分就会计入原本的回报中。这一等价报酬被称为"流动性酬金"。

　　如案例中所述，哈佛大学基金的投资资产中占比较大的，是非传统的可替代资产。属于可替代资产的私募股权、不动产、森林、基础投资等与传统的股票、债券相比流动性低，这已广为人知。这一部分也是能够享受到流动性报酬的资产。可以说这是拥有投资界圣杯之人的特权。

看清投资者鉴别力的鉴别力

—————— ◎ ——————

哈佛大学基金的另一个特点，如同案例分析中所示，是由 HMC 自身（内部）进行资金运作。几乎大多数大学基金，都是委托外部资产运作公司来进行运作的，而 HMC 则是内部基金经理运营金融资产的 36%，另外的 64% 则委托给外部资产运作公司。

从大学基金的角度看，即便它们对企业的利益双方负有说明责任，也不是"交给别人运营"，而是应该"自己"承担起来。但是，现实问题是：那样太困难了。例如，即便大学基金只运作股票，那么为了像大型运营公司那样收集情报而进行交易，首先就要在备齐专业人士方面花费大量费用。投资界是最能发挥企业竞争战略论中所说的"规模经济"的作用的地方。投资规模越大，就越能降低固定费用中投资专员的人工费以及运作系统成本的资源，就越能获得竞争优势。小规模的大学基金单独花费成本备齐这些资源进行运作是不现实的。因此，他们选择支付手续费，交由外部资产公司来进行运作，可以说外部运作在成本性能上更加合理。

另一方面，从规模上看，拥有全美最大的金融资产余额的哈佛大学基金自己构成运营机构，或许在成本性能上更为合理。实际上，就如在案例中的那样，该基金 1998 年的外部委托比例是 26%（合计6 家公司），这也是一种实践。哈佛大学基金的基金经理在业界都有着举足轻重的地位，因此它很容易就能招募到优秀的人才，这是其一个侧面。尽管如此，哈佛大学基金在案例发生时的外部委托比例也达到了 64%。也就是说即便是哈佛大学基金也不会选择全部自行运作。

外部委托比重加大，即外部委托对象的选定能力会占据大学基金的金融运作表现的很大部分。也就是说，需要能够看清外部委托对象的鉴别力的鉴别力。

但是，没有进行自我运作的大学基金很多都没有投资专业人士。美国有专为这样的大学基金而服务的专业顾问。他们向大学基金、养老金、财团等负责人介绍"推荐基金"或者为他们提供调查报告。也就是说，不仅是个人投资时的鉴别力，看清外部委托对象的鉴别力也进行了外包。

在这一点上，哈佛大学一边自己运作资金，一边灵活运用外部委托对象。这种"混合型"运作手法有诸多优点。

首先，每日与市场打交道的 HMC 的基金经理也会参与外部委托对象的选定。发现职业运动员的往往都是前职业运动员。当然，知名的运动员不一定都会成为厉害的观察员，同样，具有个人投资上的鉴别力，也未必就具有选择外部委托对象的鉴别力。但有鉴别力的一定是内部人士。

实际上，HMC 的基金经理与外部委托对象，大多拥有同一套投资哲学。因为大多数 HMC 的外部委托对象都是原 HMC 的基金经理。HMC 的外部委托比例与外部委托公司数目的大幅增加，既有其自身难以整合的可替代资产比率增加的原因，也有原 HMC 的基金经理大多自立门户并从 HMC 获得资金委托的原因。

HMC 支持为内部金融运作做出贡献的具有鉴别力的基金经理自立门户。这对委托方 HMC 与受托方——独立的基金经理来说是种双赢关系，它也会成为 HMC 外部委托对象选定时的鉴别力的根源。基金经理在内部运作中证明其拥有鉴别力之后自立门户，然后再作为外部委托对象来进行资产外包管理，享受其鉴别力带来的利润，这在投资界也可以说是一种合理的外部委托类型。

它对 HMC 而言主要有以下优点：

（1）读取鉴别力

能够通过对独立的基金经理进行种子基金的资金委托来读取该基金经理的鉴别力。

（2）节省外部委托成本

能够作为最初的种子基金提供者与基金经理就所要支付的外部委托费、成功报酬等进行谈判，从而确保获得有利的手续费体系。

（3）有利于人才招聘

在内部雇佣优秀的基金经理时，也会表明日后可以让其自立门户。这样的职场环境，是很多有鉴别力的年轻投资者求之不得的。

另一方面，对于独立的内部基金经理来说也有以下好处：

（1）享受到创业带来的利润

通过自立门户，可以享受到创业者自身的鉴别力带来的收益提升。

（2）优质资金

托管 HMC 这一堪称投资界圣杯的资金，就能更加轻松地发挥鉴别力。

（3）拥有共同的投资哲学的资金委托者

因为是与 HMC 拥有共同的投资哲学的资金委托者，所以不需要再做多余的说明以及询问，节省了时间。

（4）在资金筹集方面的信用度

在从 HMC 之外的其他地方筹集基金时，可以用"新兴基金经理，托管着对外部委托对象需要进行甄别选拔的哈佛大学基金的资金"来提升信用度，有利于募集资金。

能够构筑这种双赢关系，也是因为 HMC 采用了混合型金融运作方式的关系。

HMC 的这种混合型运作方式还有另一个很大的优点。那就是内部的金融运作者可以把从外部委托对象处获得的情报、投资想法等用于自身的运作中。例如，如果你是在内部运作股票的基金经理，当你从同样在对股票进行运作的外部委托对象的对冲基金中获得了投资构想时，那么你也可以用这种构想进行投资。另外，即便不能直接获得有关投资的构想，也可以通过外部委托对象收集市场意见或者情报等，并能将其用于自身。

前面我们已经介绍过鉴别力与社交网的关联性。对于基金经理来说，这种与其他具有鉴别力的投资者在一起的社交网，也会成为自身的鉴别力的根源（如果对这一点进行深入挖掘并将此作为该领域的研究课题或许会很有趣）。

但是，内部的资金运作者如果想要从外部委托对象处获得情报，也并非那么简单。例如，对于外部委托对象而言，投资构想也是一种商业工具，因此他不会对所有人明示这一内容。而对于大型投资公司而言，由于委托者数量众多，想要抽出时间与所有委托者沟通也是不现实的。也就是说，刚刚所列举的优点，只有在内部运作者是外部委托对象的特别顾客时才能够成立。这一点上，由于哈佛大学基金是世界上首屈一指的投资者，因此对外部委托对象来说，它一定是重要顾客，自然会郑重对待。

不仅如此，前面我们也提到了 HMC 的类型特点是支持内部运作者自立门户、增加外部委托对象。对于从 HMC 独立出来的基金经理来说，HMC 是其第一位顾客，也是其出身之地。这样一来，HMC 的内部运作者在获得信息时，也能得到外部委托对象的优待就不难想象了。而且内部运作者也是具有鉴别力的专家。对于外部委托对象而言，彼此交换一下在投资想法上的意见，也有助于自己的基金获得良好表现。这也可以说是一种双赢关系。

因此，哈佛大学基金利用这种内部运作与外部委托的混合型战略，取得了高于他人的业绩。哈佛大学基金也利用这种混合型战略，在"谁来投资""怎样投资"这些方面发挥了鉴别力。

鉴别力会在利基市场产生不同的价值
——关联的重要性

前文提到，哈佛大学基金中占比较多的投资，是对可替代性资产的投资。这一部分投资占比较大，是因为它能够享受到流动性酬金。而且这也可以说是已经拥有了投资界圣杯的哈佛大学基金的特权。

对于"为什么对可替代资产的投资较多"这个问题还有一个回答，

其关键词就是"关联"。

　　在投资组合管理中，重要的是适度分散风险。有一句常年流传的投资格言是："不要把鸡蛋全都放进同一个篮子里。"这正是在说分散风险。财经界普遍认为"分散投资对象能够降低投资组合整体的风险，还能使投资组合所对应的回报得到相对提高"。也就是说，为了避免一个篮子掉落时自己所有的鸡蛋摔破，因此就要把鸡蛋放进不同的篮子里。如果将其用于投资，那就是即便市场环境恶化，也不会让自己的所有投资对象的价值全部下降。我们的投资对象的价值要有升有降或者有的资产不会受到影响。

　　这时就出现了关键词——"关联"。关联是针对某一事项体现出两种数值反应的方法。它可能比较专业，我们可以举例来说明。假设在日本企业中存在从事同一行业的企业 A 和企业 B。A 和 B 都是日本企业，因此他们的股价会受到日本整体股票市场的影响。因为从事行业相同，所以 A 股价上涨时，B 也会上涨。而 B 下跌时 A 也会下跌。这时，A 与 B 的股价被称为"关联性强"。反之，如果 A 的股价上涨时 B 的股价却下跌，那么这种相反的动向被称为"逆向关联"。当 A 与 B 的股价的动向完全无关时，则被称为"没有关联"。

　　关联程度可以用数值表示。假如 A 与 B 的动向完全相同，那么关联系数为 1（完全关联关系）。假如 A 与 B 的动向完全相反，那么关联系数为 –1（完全逆向关联关系）。假如两者无关，那么关联系数为 0（完全没有关联关系）。两个品种的关联系数正好是 1，–1、0 的例子极少，基本都是介于 1 ~ –1 之间的数值。数值越接近 1，表现出的关联性就越强（用强弱表示相关程度）。

　　那么，假如大家的投资组合中有很多股票时，你希望在接下来的投资中的资产是怎样的？当然是风险较低、回报大的品种。假如两种资产 A 与 B 具有相同的风险和回报，这时又该以什么为基准进行选择呢？这时就要考虑关联。

包括哈佛大学投资基金在内的大多数大学基金以及财团投资组合，都在对美国股票进行投资。假如美国市场平均股价下跌，投资组合的价值也会下跌。因此，美国的投资者会寻找与股票市场的关联性弱的投资对象。买入关联性弱的资产，会在股票下跌时缓和其对投资组合造成的影响。

与股市关联性弱的资产的代表产品就是国债。当人们预测的经济成长率、通货膨胀率越高时，国债的利息就会越高。可以说，当股价上扬时，国债也会上涨。反之，当人们预测的经济成长率、通货膨胀率低时，国债利息也会很低。这是因为中央银行为了促进经济的活性化，会对国债利息进行政策性下调。这也是在 2008 年发生金融危机时全世界的中央银行所采用的金融政策。也就是说，国债利息与股价关联性很强。但是，当国债利息上涨（下跌）时，国债价格就会下跌（上涨），因此，国债价格与股价反而关联性弱，有时还会出现逆向关联。例如，假如你拥有以 2% 作为支付利息的国债，而此时的国债利息上涨到了 3%，那么你所持有的 2% 利息的国债价值就会降低。利息越高，国债的价格就越低。

但是，美国国债的利息又名"无风险利息"。如其名称所示，投资美国国债很安全，但同时预期的回报率也很低。在选取投资组合时，美国国债虽然满足关联性低这一标准，但其回报率过低也并不理想。对投资者来说，最好能找到满足以上两个标准的投资对象，但是这种投资对象却并不容易发现。

因此，可替代资产出现了。可替代资产一般指可期待回报率高，同时又与股票市场的关联性弱的投资对象。但可替代资产在 2008 年的金融危机中使私募的投资等都蒙受了巨大的损失，因此有人再次觉得"它们与市场的关联性很强"。因此，投资界一直在寻找真正的关联性弱的投资对象。

在这一方面，哈佛大学基金关注的投资对象，也曾在案例分析中出现过。那就是对森林的投资。对森林的投资极其简单。出售所投资的森林中的木材，然后再次栽种树苗，等待树苗长成木材后再次出售，通过这样的循环来获得投资回报。对森林的投资回报会在一定程度上受到全球木材需求的影响，因此并不能说它与股票市场完全没有关联。但过去的数据证明，它与股票市场的关联性很弱。

因为它与从两种投资中获得回报的根源（风险酬金）完全不同。森林投资存在着股票投资中所没有的固有的风险。这些风险如自然灾害、火灾等，都会造成森林的损毁。可以说，正是因为森林有着这种固有的风险，自然灾害的发生与股票的价格升降并没有关联，所以它才与股票的关联性弱。当然，对森林进行投资，投资者追求的是与此风险相对应的风险酬金。前面已经介绍过，可替代投资的回报根源——流动性酬金是独立的，是对森林进行投资的固有风险的等价报酬。因此，森林投资收益的根源是，由于缺乏投资流动性而引起的流动性酬金与自然灾害等森林投资固有的风险酬金的合计。也就是说，对森林进行投资与股票市场的关联性很弱，同时又是回报较高的珍贵投资对象。

可以说，这种与股票市场的关联性弱，同时又拥有较高回报的资产，是以哈佛大学基金为首的机构投资者所追求的投资对象。对于这种资产的投资，需要大量具有鉴别力的投资者。在投资界，围绕股票投资进行的鉴别力的竞争非常激烈，但是对森林投资的鉴别力则是小众化的。由于对这种小众化的鉴别力有着巨大的需求，因此对拥有这种鉴别力的人就一定要进行活用。

在 HBS 的经营战略课程中，我们也对企业的"差别化"以及寻找利基市场的重要性进行了学习。它也适用于职业论。年轻的投资者需要谋求自身今后的差别化，既可以锻炼在竞争激烈的战场上（例如股票投资）的鉴别力，也可以寻找属于自己的利基市场（例如森林投资），这些都是有效战略。在寻找利基市场时，以投资界需求最多的"与股票市场关联性弱，同时又有较高回报"为标准进行选择，这是最为聪明的做法。

还是从职业论上来说。人们经常说的职业生涯，就是由一个个偶然连接而成的。年轻投资者在寻找属于自己的利基市场时，或许也是如此。科恩教授与马罗伊教授在课堂上曾经举过 Nephila 投资公司的案例。这个公司是对与自然灾害风险相关联的金融商品进行投资的特化公司。提起自然灾害风险，大家可能会想到经营台风等风险业务的保险公司。但是保险公司要对自己公司的股票等金融产品进行投资，因此对保险公司进行的投资与股票市场有着很强的关联性。在这一点上，Nephila 公司投资的金融商品特化成了只对发生自然灾害的风险进行投资，因此这一投资就变为了与股票市场关联性弱或者完全没有关联的一种投资。

可以说，很多投资者都对投资与股票市场的关联性弱的资产类别（如森林投资）有着大量需求，如同 Nephila 公司一样，对利基市场具有鉴别力的投资者大有人在。在课程中，Nephila 公司的经营团队曾作为嘉宾登上过讲台，他们说："职业生涯开始时，我们就在一味地培养观察自然灾害风险的眼光，但是没想到这会被投资者所追捧，我们进而成立了基金，甚至还能经营自己的公司。"

就如同 Nephila 公司一样，大家自认为与投资完全无关的自身的专业性，或许就会在某一天被公认为是投资的鉴别力。此时的关键词就是"关联"。在大家的领域里，是否也有与股票市场关联性弱或者没有关联的风险呢？或许它可以成为金融产品进行交易。有朝一日，大家的专业性也会成为被大量需要的鉴别力。

第
四
章

实践 HBS 教你的投资术

综合篇

本书已经对作为明星投资者的培养基地而知名的 HBS 讲授的各种投资术进行了介绍。

现在，我们稍微转换一下视点，为了使大家能在平日的投资中运用 HBS 所讲授的投资术，这里向大家介绍如何实践。

但我事先要负责任地告诉你们，HBS 并不会讲授零碎的实践方法。例如，在 HBS 的课程中，虽然会通过案例分析来学习经营判断与投资判断时活用的框架或要点，但是却并不会教你怎样细致地去实践。这最终都是要交给投资负责人做的。也就是说，在经营策略上，我们虽然学习了迈克尔·波特的五力分析法的框架，但是 HBS 却不会教授你"按照这一理论，现在应该有望在 XX 业界创业"。因为经营判断与投资判断都没有正确答案。

因此，这里我以投资者的眼光将 HBS 教授的投资术融入实践。在这一过程中我会考虑利用明星投资者的投资实践进行介绍。

本章作为"综合篇"会向大家介绍大体上的实践法，之后再对他人代管资产与自己进行金融运作的情况的实践法分开进行介绍。在最后的"高级篇"中，我还会向大家介绍未来的投资者以专业投资者为目标而努力奋斗时所需的格斗技能——股票投资。

世界数一数二的对冲基金
——哈佛大学基金与个人投资者所共通的是什么？

———— ◎ ————

本书不仅对 HBS 讲授的鉴别力的根源——投资方向这一要点进行了介绍，还对"投资什么""谁来投资""如何投资"等概念也进行了介绍。从这一点来说，世界上数一数二的哈佛大学基金与个人投资者在"投资什么""谁来投资"的概念上，有着重要的共通点。

首先，对于"投资什么"这一要点，如前所述，哈佛大学基金是"不必返还的资金"。这一世界上数一数二的对冲基金，也被看作是不论好坏都不会提取资金，并且会提供与自身的投资哲学相适合的资金的强大支持者，从这一点上来说，其资金委托性质也接近于投资界的圣杯。个人投资者也是如此。如果个人投资者运用自己的剩余资金进行投资，那意味着他正在投资"不必返还的资金"，同样也可以说是拥有了投资界的圣杯。

这里的关键点是个人投资者的剩余资金，它指的是"几年（几十年）不变现也没有困难的资金"。例如，假如个人投资者勉强将自己的部分生活费用于投资或者假如第二个月的生活费不足，那么就需要在市场上将上个月投资的资金中的一部分变现。这样一来，他投资的资金实质上是"必须返还的资金"，因此，他的资金不能成为投资界的圣杯。

其次，是有关"谁来投资"这一问题。个人投资者使用的是自己的资金，因此不会像被雇佣的投资者那样受到结构上的限制。他不会因为担心职业生涯而成为非经济卖家，反而还会成为非经济卖家的对立面，获得巨大的收益。他可以根据经济合理性自由地发挥鉴别力。

这样的个人投资者在"投资什么""谁来投资"等投资的要点上，与世界数一数二的对冲基金或哈佛大学基金等有着相同的优势。

小心借债

———— ◎ ————

但是，即便有个人投资者拥有"可运作的剩余资金"这一投资界的圣杯，最终还是有人会放弃。他们就是借债投资的个人投资者。

借债投资就是借钱来投资。例如，假设个人投资有 100 万日元的剩余资金。以这 100 万日元为本金，再借 100 万日元，进行的 200 万日元的投资，就是"借债投资"。由于这时的投资额变成了 2 倍，所以也可以说是"双倍借债"。进行双倍投资时，投资收益也会变成双倍。当然，损失也会变成双倍，情况如下：

　　◇不借债，投资对象下跌 50% 时，100 万日元的投资减少了 50 万日元。

　　◇双倍借债，投资对象下跌 50% 时，200 万日元的投资会减少 100 万日元。因为其中的 100 万日元是借款，所以在偿还 100 万日元后，自己的剩余资金为 0。

另外，200 万中的 100 万是借款，是"必须返还的资金"。因此，当这笔投资出现损失（潜在损失）时，借款方会二话不说地强制使这一投资变现以此来收回借款，因为借款方需要追回自己的借款并保护自己。个人投资者进行借债投资的代表手法，是通过证券公司进行信用交易或保证金交易。进行贷款的证券公司，强制个人投资者进行的投资变现被称为"强制止损"。强制止损给个人投资者所带来的恶果广为人知，说明如下：

　　◇不借债，投资对象下跌 50% 时，100 万日元的投资价格会下跌到 50 万日元，但若继续持有，价格还有可能会恢复或上涨到 100 万日元以上。

◇ 进行双倍借债投资，投资对象下跌 50 ％时，200 万日元的投资价格会下跌到 100 万日元。借款方为了回收自己的资金，以 100 万日元的价格在市场上进行出售，变现后回收。个人投资者的剩余资金为 0。

进行借债投资的不仅只有个人投资者，被雇佣的投资者也会根据运作的基金来选用适合的借债投资。对冲基金会活用借债投资，使其作为投资战略的一环而获得回报。在明星投资者中，也有人能够很好地利用借债投资。可以说，回报与风险倍增的借债投资，是一把双刃剑，要看它掌握在什么人手中。

我并不否定借债投资。有些明星投资者能够适度利用它，获得了不起的成绩。但是，如果个人投资者好不容易才拥有了投资界的圣杯，利用借债投资却有可能会使这一圣杯变成"普通杯子"，那样就太可惜了。

吸收哈佛大学基金的金融手段 —— 混合型投资

———— ◎ ————

刚才我们在个人投资者"投资什么"中加入了资金性质，说明了"谁来投资"这一点也存在有利条件。个人投资者可以不像被雇佣的投资者那样受到结构上的制约，能够灵活地追求经济合理性。

但是，大多数个人投资者都是兼职投资者。他们不会像职业投资者那样一天都专心于投资，而且也没有专业投资者那样的资源。例如，在第三章中我们介绍过判断投资方向，在对冲基金的情报解读法中，我们提到的"利用投资行业的间谍"这一手法对于个人投资者来说就很困难。因此，从时间与资源上看，"投资交给行家去做"这一论调或许十分正确。

但是，个人投资者通过购买信托投资等结识的专业投资者，基本上都是被雇佣的投资者。前面已经介绍过，被雇佣的投资者会受到结构上的制约，还会因为自己的动机而产生不同的结果。另外，当把自己的钱托付给被雇佣的投资者时，也需要具有能够辨别他们的鉴别力。

这里向大家推荐哈佛大学基金运用的混合型投资。这是一种自己直接运作一部分资产，同时也委托其他投资者运作资产的方法。对于个人投资者来说，通过直接运作一部分资产，自己就能更好地跟随市场动向，同时还能够提升鉴别被雇佣的投资者的能力。而将资产委托给被雇佣的投资者运作，则能够获得其他投资者的看法与情报，并且能够将它们用在自己的金融运作中。

另一方面，个人投资者不是全职投资者，他不是运作哈佛大学基金那样的投资专业人士。所以即便自己想要进行直接投资，现实中也没办法对太多投资对象进行管理。即便如此，哪怕自己只能选取一两只股票作为投资对象，对其投资价位等进行思考，这也会大不相同。无论是个人投资者还是专业投资者，我们都不能依靠别人进行投资判断。这样的话我们在自己做出判断、选取价位以及进行管理中会学到很多东西。不仅是投资，做生意也是如此。依靠别人做出商业判断，与自己进行判断、选取价格并进行管理的学习程度，是完全不同的。而且在这一判断之后的做法，也会有所不同。购买信托、将自己的资金委托给被雇佣的投资者，与自己做出投资判断、进行的单一品种投资背后的认真度，也是截然不同的。

商务判断也是如此。最初或许进展并不顺利，但只要将其经验活用在下一次就好。个人投资者并没有像被雇佣的投资者那样的职业风险，不进行借债投资，也就不会担心有人强制结束投资。在混合型投资中，只有一部分是自己直接投资的，这样一来，即便自己投资的部分不理想，委托他人投资的部分也可以顺利进行。从这种意义上说，这种投资类型可以分散投资风险。

况且，即便是对一个品种进行彻底跟踪，也能提升看清被雇佣的投资者的鉴别力的能力。例如，在讨论购买信托时，个人投资者有机会和证券公司等营业负责人谈话（最好是有与身为基金经理的被雇佣的投资者说话的机会。但这种机会对于个人投资者来说太过稀有）。这时你会对自己想要投资、了解的品种询问以下问题：

◇ 讨论的信托品种是否在你的投资组合中？

◇ 如果这一品种在投资组合中，那么它的前景如何？

◇ 如果没有这一品种，其原因是什么？

仅仅是听取这些回答，就能间接地了解到运营这一信托基金的基金经理的能力。至少，与自己直接投资相比，通过基金经理的力量，看到的风景一定大不相同。

像这样的混合型投资，大家可以在管理自身资产的同时，使自己直接进行资产运作的部分与委托他人进行管理的部分产生相乘效果，最终使整体收益提升。

让别人保管你的资产
——辨别负责人鉴别力的能力

混合型投资，是指个人投资者在自己直接进行金融运作的基础上，委托他人管理其他资产。对于个人投资者来说，主要就是购买信托基金。当然，我们并不会把自己的资产随便委托给别人。这里还需要我们辨别对方的鉴别力。

另一方面，假如能够拥有辨别鉴别力的能力，你就能找到更好的基金经理。在投资界也有本身就以辨别基金经理的鉴别力为生的专业人士（投资界称其为组合基金发现人）。这一竞技场的确很是深奥，他们在辨别鉴别力的基础上，活用的框架基本上与本书介绍的类似。

为了您能够对本书中出现的 HBS 讲授的框架进行实践，希望大家能在下次委托他人管理资产时，务必创造出一个能够与证券公司、银行营业负责人（或基金经理）交流的机会，问题如下：

基金经理过去的业绩是在创造附加价值吗？

资金运作所获回报的业绩（扣除手续费）：通过长期观测得出的，其中也包括在金融危机以及市场环境恶化时的业绩。

与基准进行对比的业绩：例如，日本的股票基金是以日经平均为基准投资的，基金经理的业绩要高于此基准。如果其业绩不能高于基准，那就说明作为基金经理，他不能创造出附加价值，这样也就无法证明其拥有鉴别力。如果不用创造附加价值，那么按照日经平均进行运作，投资其名下的 ETF 等反而更加合适。

投资者支付的手续费合计起来有多少？

假设基金经理获得了高于基准的业绩，并且创造出了附加价值。但是创造出的附加价值也会由基金经理获得，个人投资者对其多少并不了解。因此，个人投资者在委托资产时要事先知晓手续费合计是多少。要扣除的手续费名目繁多，如交易手续费等。因此，我们可以问像下面这样简单的问题："假如我委托 100 万日元给你，你在利用它进行金融运作后，扣除手续费前所得到的回报假设是 10，那么在扣除所有手续费后，我作为投资者能够得到多少？"在投资界，扣除手续费前的回报率叫作总回报率，扣除手续费后的叫作纯收益。如果纯收益没有在基准之上，那么基金经理创造的附加价值就全部给了自己（或者运营公司），个人投资者本身并没有获得好处。

鉴别力的根源。今后也希望创造附加价值吗？

在金融产品的创立计划书中，一定会写"过去的业绩不代表未来的业绩"。虽然过去进展顺利，但却并不能保证未来也同样顺利。商业与投资在这一点上相同。即便候选资产委托方此前的纯收益一直高于基准，为个人投资者提供了附加价值，但却不能保证今后也能继续提供附加价值。尤其是只有短期业绩的基金经理，如果观察他们的长期表现，有可能会发现他们的业绩都出现平均回归。因此，个人投资者需要具备事先辨别资金委托方的鉴别力根源的能力。当然，即便提前对其鉴别力的根源进行了辨别，也不能保证未来的表现。但在托管资金时，对鉴别力的根源进行过辨别的基金经理，总比没有经过辨别的基金经理更令人放心。

HBS 教授的鉴别力的根源已经在第三章中进行了介绍，它们都是对基金经理进行确认时的有效手段。例如，你可以找出与以下相符的情况：

（1）在"投资方向"上的有利条件
①情报的获取方法上存在的差距

◇在本地寻找投资对象或者对能够获取到有力情报的区域的投资对象进行特化等。

◇拥有有利于投资的社交网并能灵活利用。

②在情报解读法上存在的差距

◇在情报解读上占据优势如利用投资界的间谍等。

（2）在"如何投资"上的有利条件
理解人类的认知偏差并将其用于投资

◇了解投资者自身的认知偏差，说出独特的对策。

◇活用过去的金融危机等经验提升业绩。

◇擅长寻找"一物二价"的投资机会来提升业绩。

（3）在"谁来投资"上的有利条件
理解市场参与者的动机并将其用于投资

◇认识到被雇佣的投资者的动机与限制，并以此为基础构筑投资战略（资金托管方为被雇佣的投资者时）。

◇擅长发现非经济卖家，以此提升业绩。

◇擅长采取积极战略，找到投资对象的 M&A 对象，以此提升业绩。

◇理解企业方面的动机，回避代理成本过高的投资。

（4）在"投资什么"上的有利条件

拥有投资界的圣杯或者拥有与此相近性质的资金

假如在以上问题清单中，你所找到的基金经理能够具备以下三点：

◇使总回报率高于基准。
◇在纯收益上能够为个人投资者留出附加价值。
◇具有特定的明确的鉴别力的根源。

那么你无疑是幸运的，发现这样一个三者兼备的基金经理是难上加难的。

如前所述，即便总回报率在基准之上，事实上，能够产生附加价值的基金经理也是少之又少。而且，即便遇到了能够产生附加价值的基金经理，如果该附加价值基本都变成了基金经理收取的高额手续费，那么对于资金委托方来说，则形同没有附加价值。即便不考虑以上两点，如果不能发现基金经理具有明确的鉴别力的根源，那就无法期待其在未来还能够取得同样的表现。

以上三者合一的基金经理过于稀少，发现了这样的基金经理，具有非常大的价值。从这一意义上来说，了解 HBS 所教授的有关鉴别力的框架，对于投资者来说非常有价值。

自己直接运作资产

大家在进行资产运作时，可以采用哈佛大学基金的投资手法——混合型投资，也就是在实践中，在将资产委托给他人的基础上，自己也直接参与运作资产。

第三章已经介绍过 HBS 教授的鉴别力的根源。在这里，也会向大家介绍与之相符的实践方法。

不同的情报获取方式产生的差异
——利用地利与社交网

利用地利与小众兴趣

如前所述，拥有鉴别力的投资者，会着眼于本地的投资对象。利用地利能够更早地获得情报，而利用本地社交网则会通过情报的获取方式与其他投资者拉开距离。

如果将这一概念融入"自己直接进行资产运作"中，那么就要在讨论投资对象时首先寻找本地企业。如果有知名大企业的总公司就在附近，那就是适用这一框架的好机会。利用本地社交网，通过情报的获取，就有可能与其他投资者拉开距离。

即便本地没有知名大企业也没关系，那不过是锦上添花而已。作为代代相传的传统的鉴别力的根源，投资者认为"小型股票要比大型股票更好"。也就是说，如果有投资本地小型股票的机会，那就会获得其他投资者所没有的有利条件。

众所周知，我们的超级明星沃伦·巴菲特尤其喜欢投资自己的家乡奥哈马的家具、珠宝等方面的企业。在"投资者的庆典"——伯克希尔公司的股东大会结束后，你会看到巴菲特站在珠宝公司门前销售结婚戒指。可以说，巴菲特的超级明星之路就是从对本地企业的投资开始的。或许我们很难像巴菲特那样得到投资机遇的眷顾，但我们可以试着先从本地那些与之有缘的大企业入手。

而且从情报的不对称性与社交网的角度看，我们还可以利用小众的兴趣。例如，如果你有一个非常小众的兴趣，并且拥有与之相关的大量情报，那么这就可以称得上"专业性"，还能从中产生情报的不对称性。如果你拥有兴趣相同的伙伴，那么就形成了很好的社交网。如果有与这一兴趣相关的商品或企业，那么对这一商品或企业最为了解的，也许并不是追踪这一公司的证券分析师，而是你。这样的有利条件自然要利用。小众的兴趣也能用于投资，这可谓是一石二鸟的手段，大家可以尝试一下。

利用社交网

通过情报的获取方式拉开距离时，不仅可以利用地利，还可以利用大家身边广阔的社交网。例如，我们来看看马罗伊教授与科恩教授阐明的"通过学历产生的社交网与鉴别力"的研究吧！

假如你正打算投资的企业中有你的校友，那么他偶尔所提起的有关工作的事情也能作为参考。当然，这时要注意不要使其成为知情人情报。但是通过公司职员获得的新鲜情报，却是对冲基金宁愿支付大价钱也希望咨询顾问能够提供的珍贵情报。如 BIA 的案例分析所示，任何一句毫不起眼的话或一个动作，都有可能包含着启示。如果你是学生，那么就要在学生时代拓展自己的社交网，这也有可能会在未来成为你鉴别力的根源。当然，这不仅限于投资，所有商业上的成功都是如此。

利用情报解读法拉开差距
——与明星投资者一起投资

对于"利用情报解读法拉开差距"这一概念，我们进行了一项研究——假如我们有机会解读的知情人交易情报就是鉴别力的根源。通过知情人获得的交易情报，全部是公开情报。所有的投资者会如何对同等条件下收集到的庞大的公开情报进行解读呢？具有鉴别力的投资者会利用公开情报的解读法找出有利条件，并使其与自己的投资表现联系起来。

情报的解读法的起因，是鉴别力的源泉。将追踪任意知情人交易的情报，与第三章中介绍的直接利用框架进行运作相结合，也会非常有效，但在这里我想向大家介绍一个极有趣的公开情报。

每季度一次，从每季度末开始的 45 天后，就会迎来一个全美国投资界瞩目的日子，这就是"13F 的通知截止日"。13F 是指金融运作的报告对象资产在 1 亿美元以上的机构投资者，有义务对其运作内容发布通知书。报告对象资产，主要是指美国国内的上市股票以及与股票相关的股权等的多头交易（因此，空头交易、债权、美国以外的多头交易等不属于通知书的对象）。这一通知书的内容会即刻变为公开情报。因此，任何人都能对其内容进行确认。在美国股票投资的部分，我们也能够清楚地看到明星投资者的投资组合。也就是说，如果想要模仿有鉴别力的投资者的投资组合，虽然会延迟 45 天，但却有可能成真。他们有可能会与明星投资者投资相同的股票。明星投资者的投资组合动向也会受到大型金融媒体的追踪，因此，只要在网络上进行搜索就能找到，而且还有免费的汇总网站（如"知情人 monkey"网站）。

在 HBS 会有各种各样的投资者进行演讲。有位投资者在演讲时曾说"我今年真正认真工作的日子只有 4 天"，说的就是那一年中每个季度一次的 13F 截止日。当然，这多半是玩笑话，但从中也能看出 13F 多么受人瞩目。但在利用它时要注意以下几点：

投资组合情报会延迟 45 天

如果是进行空头买卖的量化投资者，延迟 45 天的投资组合情报几乎毫无意义。另外，如果是重视基本面、选择中长期持有的投资者，即便是在 45 天后，他们也可能还会持有同一品种，所以这会成为有利情报。

在这一投资者的投资组合中，比重较大的品种尤其值得关注。另外，在 13F 的情报公开后，市场就会了解到明星投资者到季度末为止的新的比重变化，而占比重较大的品种的股价有时也会攀升。那就意味着那一品种的股价估值偏低。相反，如果该品种的价格低于明星投资者在本季度对其进行投资时的价格，这就是可以投资的机会。如果有与这一品种相关的负面消息，那么我们就要注意这些消息。但如果是在市场联动中价格出现下降，那么我们就会认为明星投资者在做出投资决断时的判断没有改变。如果投资判断没有变，那么明星投资者就有可能还在继续持有这一品种，那么就有可能捕捉到与明星投资者一起投资的机会。

只有多头股票占比情报

13F 有义务公开的只是与美国国内的股票相关的比重。因此，它不会公开债券等其他金融产品的占比情报。另外，公开的只有多头占比的品种，而股票的空头占比则不会公开。因此，即便明星投资者选择了长期空头结合的投资战略，外部也只能看到多头占比的部分。所以，单靠 13F 极容易对明星投资者的投资战略的真正意图产生误解。

虽然在利用 13F 的情报时必须要注意以上几点，但 13F 依然是情报宝库。下面是部分明星投资者以及以 2016 年 3 月 31 日为基准公开的他们投资的前五个品种。这些明星投资者可以在网站中轻松查找到，因此这里用了英语标记（顺序不同，占比信息由 Bloomberg 提供）。

沃伦·巴菲特（伯克希尔·哈撒韦公司）Warren Buffett（Berkshire Hathaway Cooperation）
不言自明的明星投资者。

品种排名一览（括号中为其在报告对象资产中所占比例）
①卡夫亨氏公司 Kraft Heinz Company (20%)

②富国银行 Wells Fargo (18%)

③可口可乐 Coca-Cola (14%)

④国际商业机器公司 IBM (10%)

⑤美国运通 American Express (7%)

乔治·索罗斯（索罗斯基金公司）George Soros（Soros Fund Management）

传说中的擅长宏观战略的投资者。英镑通货危机时对英镑进行了大规模的空头操作，作为"导致英国中央银行出现漏洞的投资者"而在史上留名。当然，HBS 也讲授过这一交易的案例分析，它作为宏观经济课程中的著名案例分析而为学生们所熟悉。

品种排名一览（括号中为其在报告对象资产中所占比例）

①巴里克黄金公司 Barrick Gold Cooporation(8%)

② Adecoagro (5%)

③硕腾公司 Zoetis (3%)

④宝利通 Polycom (3%)

⑤易趣 eBay (3%)

卡尔·伊坎 Carl Icahn

传说中的擅长积极活动战略的投资者。他是现在与戈登·盖柯这一人物最为接近的投资者。他经常在金融媒体上发表己见，因而在个人投资者之中也广为人知。

品种排名一览（括号中为其在报告对象资产中所占比例）

①伊坎企业 Icahn Enterprises (35%)

②美国国际集团 AIG (11%)

③ CVR 能源 CVR Energy (9%)

④贝宝 PayPal (7%)

⑤辉门公司 Federal-Mogul Corporation(6%)

雷·达里欧（布里奇沃特投资公司）Ray Dalio (Bridgewater Associates)

运作着世界上最大的对冲基金，HBS 毕业的"传说中的投资者"。他经常会来 HBS 做演讲。但是，他的详细投资战略都包裹着一层面纱，存在着很多谜团。因对投资的深思熟虑而为人所知，他运作的对冲基金也有着自己独特的文化。

品种排名一览（括号中为其在报告对象资产中所占比例）

① 富时新兴市场 ETF Vanguard FTSE Emerging Markets ETF (33%)

② SPDR 标普 500 基金 SPDR S&P 500 ETF (27%)

③ iShares MSCI 新兴市场 ETF iShares MSCI Emerging Markets ETF (19%)

④ iShares iBoxx 投资级公司债券 ETF iShares iBoxx Investment Grade Corporate Bond ETF (1%)

⑤iShares 核心标普 500 ETF iShares Core S&P 500 ETF (1%)

赛思·卡拉曼（Baupost 集团）Seth Klarman（Baupost Group）

利用多种战略的 HBS 毕业的明星投资者。十几年前他所出版的 *Margin of Safety* 现已绝版，但却被称为"传说中的投资书"，很多人愿意高价买入这本书。赛思·卡拉曼现住波士顿，由于地利优势，因此他也经常在 HBS 进行演讲，他的投资战略被多次用作案例分析的题材。

品种排名一览（括号中为其在报告对象资产中所占比例）

①易安信 EMC（20%）

②切尼尔能源 Cheniere Energy（15%）

③卫讯 ViaSat（12%）

④安特罗资源 Antero Resources（8%）

⑤艾尔建 Allergan（7%）

大卫·泰珀（阿帕卢萨资产管理公司）David Tepper（Appaloosa Management）

对不景气企业进行投资，擅长危机战略的明星投资者。当然，他在上一次的金融危机中利用该战略获得了巨额收益，在因超高报酬而被人所知的基金经理中也领取着顶级报酬。毕业于卡耐基·梅隆大学，由于对该校进行了巨额捐赠，因此该校的 MBA 项目取其姓名，称为 David Tepper 学校。

品种排名一览（括号中为其在报告对象资产中所占比例）

①能源传输伙伴公司 Energy Transfer Partners（11%）

②爱法贝 Alphabet（9%）

③达美航空 Delta Air Lines（8%）

④威廉姆斯伙伴公司 Williams Partners（5%）

⑤惠而浦 Whirlpool（5%）

比尔·阿克曼（潘兴广场）Bill Ackman（Pershing Square）

擅长积极活动战略的 HBS 毕业的明星投资者。他与卡尔·伊坎并称为"现代的戈登·盖柯",经常出现在金融媒体上。他也在 HBS 进行过演讲,但他的演讲要求不能做记录(其他投资者没有如此严谨)。与此同时,大家能在他的演讲中听到很多投资背后的故事,因此他的演讲也成了非常受欢迎的演讲之一。

　　　　品种排名一览(括号中为其在报告对象资产中所占比例)
　　　　①硕腾 Zoetis(21%)
　　　　②加拿大太平洋 Canadian Pacific (21%)
　　　　③餐饮品牌国际 Restaurant Brands International (17%)
　　　　④空气化工产品公司 Air Products and Chemicals (12%)
　　　　⑤亿滋国际 Mondelēz International (10%)

约翰·保尔森(保尔森公司)John Paulson(Paulson & Co.)

　　擅长主题投资战略,HBS 毕业的明星投资者。在金融危机前发现了次贷中的泡沫,并对其衍生品进行了空头操作。后来因获得巨额收益而一跃成名。作为历史上最赚钱的交易,这一交易案例也被写进了许多书中。

　　　　品种排名一览(括号中为其在报告对象资产中所占比例)
　　　　①艾尔建 Allergan (11%)
　　　　②夏尔 Shire (9%)
　　　　③梯瓦制药 Teva Pharmaceutical Industries (8%)
　　　　④迈兰 Mylan (8%)
　　　　⑤展留连锁饭店 Extended Stay America (5%)

大卫·埃因霍恩（绿光资本）David Einhorn（Greenlight Capital）

擅长对股票进行多空组合投资战略的明星投资者。在金融危机前看到了雷曼兄弟公司的不景气，并在市场上公开进行了空头操作，因此获得了巨额收益而一跃成名。可以说他是进行空头操作的积极活动家。此后，每当他表明要进行新的空头战略时，就会引起市场的巨大关注。

品种排名一览（括号中为其在报告对象资产中所占比例）

①苹果 Apple（15%）

②通用汽车 General Motors（8%）

③时代华纳 Time Warner Inc(7%)

④迈克高仕 Michael Kors（7%）

⑤爱尔开普 Aercap（6%）

查理德·佩里（佩里资本）Richard Perry (Perry Capital)

擅长积极活动战略的明星投资者。也曾在日本市场实行过积极活动战略，引起了多方关注。其情况被写入格林伍德教授的著名案例分析中，并且查理德·佩里本人也作为嘉宾登上了讲台。

品种排名一览（括号中为其在报告对象资产中所占比例）

①联合汽车金融公司 Ally Financial（26%）

②美国国际集团 AIG（17%）

③爱尔开普 Aercap（14%）

④ HCA 公司 HCA（13%）

⑤鲍尔公司 Ball Corp（13%）

单是看到这一排名前五的品种清单就能发现以下特点：

持股占比会因每位投资者的投资战略而不同

尤其是积极投资者，他会尽量搜集投资对象的股票，通过"数量至上"的理论来发挥影响力，因此他是少数倾向于大比重投资的投资者。

明星投资者会投资相同的品种

英语中有句谚语说"优秀的头脑想法相似（Great minds think alike）"。在投资世界里也是如此。当然，如前所述的卡尔·伊坎（风险投资和私募股权）与比尔·阿克曼（潘兴广场）的案例一样，投资者有时也会处于对立面。

13F 只公开股票信息

例如，擅长宏观战略的雷·达里欧的投资组合中 ETF 的占比居多。这虽然能够作为参考，但如果不能看到它与其他未公开的投资的整体组合情况，就不能很好地把握它，也就无从了解这一投资战略的意图。

在此前我们介绍的鉴别力的根源中，有些是个人投资者很难做到的。明星投资者拥有广泛的社交网以及用来解读情报的各种资源。但是通过解读 13F，我们就可以和拥有鉴别力根源的明星投资者共同投资。当然，在利用 13F 时，要像上面说的那样注意几点内容，一定要用自己的眼睛去对最终投资对象进行辨别。作为投资的构思方法，这一点尤为重要，请一定灵活利用。

自我控制——调整作为投资者的心理

————◎————

1. 了解认知偏差

第三章介绍了人类的偏颇是潜在的，我们首先要认识到这一点。在此基础上，尽可能不要对合理的投资判断进行妨碍，为了做到这一点就要进行自我控制。当然，说起来容易，做起来难。这是一个即便是明星投资者也需要每天都做斗争的题目。

以下是第三章介绍的认知偏差汇总。在投资判断时经常回想它们，在经过一番深思熟虑后再行动最重要。

利益和损失不平等
比起获得收益时的喜悦，出现损失时带来的不甘给人的打击更大。不要过度害怕损失，要平等对待收益与损失，追求投资机会。

自己不进行判断的判断
大脑具有惰性。不要总是利用 401k 等的默认选项，要在深思熟虑后做出判断。

对容易想起的事项给出过度评价
对身边的投资"灾难"的发生频率给出过度评价。越是这样的时候，就越不要过度害怕风险，在理性中加入平衡感，果敢地向投资机会挑战。

HOT HAND 与均值回归

连续射门进球超出平均命中率后，就会认为下一球也能进。当看到投资表现已经过度背离过去的平均值时，就有可能会在今后出现均值回归。

锚定效应

先说出数字的人是赢家。不要在讨论投资的股价时陷入锚定效应，要关注股票的自身价值进行投资。

心理账户

在你心中，金钱是分三六九等的。投资时，不要因为每个品种的表现而时喜时忧。要看投资组合的整体表现。

事后聪明偏差

事后一看，一切事物都一目了然。避免对自身能力的过高评价以及不确切的过低评价，才能进行投资。

2. 弃投资于不顾的勇气

前面我们说过，在委托他人运作资产时，要注意扣除委托手续费的总额后的纯收益。同样，当自己进行资产运作时，也要关注扣除了委托手续费总额后的纯收益。股票不能免费购买，需要向证券公司支付手续费。当然，如果使用网络证券，每次的手续费并不太高，但随着交易次数的增多就会积少成多。

因投资对象的股价而时喜时忧，反复进行买卖就会造成手续费成本加大，纯收益就会减少。如果经常确认投资对象的股价并为此时喜时忧，那么就会增加受到认知偏差影响的机会。但是，要自我控制也是一个困难的认知偏差。为此，我建议大家狠心地对投资置之不理。您可以将投资放置一边，搁置上几年。这是有鉴别力的明星投资者也进行过的练习。巴菲特也这样说："如果没有就算持有 10 年也不卖的品种，那么就不应该持股，即便只持有 10 分钟。"

进行这样的练习意味着提高投资的门槛。"持有 10 年也不卖的品种"是指交易不要太频繁。因此，你的选择就会变为投资。

当然，当因投资对象出现重大事故等而从根本上颠覆投资概要的情况发生时，则需要对股票持仓问题进行再次思考。但是，这里所说的是平时不用确定股票价格也能在普通报纸头版找到的那种，因此可以说是"放着不管"的范畴。另外，大多数投资对象都是每个季度发表一次决算。很多投资者都会趁着这一时机去确认决算的内容与投资概要是否相符。但即便如此，那也不过只是一年四次而已，这也可以说是跨入了"置之不理"的范畴。

慎重地寻找"10 年也不卖的品种"，一旦投资之后就要弃之不顾。这是为了回避花费多余的交易成本，避免受到认知偏差的影响，可以说是提高纯收益的秘诀。

3. 巴菲特派——远离都市的喧嚣

很多投资者都想借鉴投资界的超级明星——巴菲特的投资手法，哪怕是一点点，其中以盖伊·思派雅最为特别。思派雅本身也是哈佛大学毕业的明星投资者，还经营着一家对冲基金。他能够一跃成为众人瞩目的明星，是因为他高额中标了"和巴菲特共进午餐"的权利。巴菲特每年会拍卖与自己共进午餐的权利来为慈善做贡献。2007 年，思派雅与同样是巴菲特的热情追随者的莫尼休·巴布来一起获得了此项权利。其竞标价格竟然达到了 65 万美元。随着这一高额的中标价成为话题的同时，思派雅本人也受到了瞩目。可以说这是他巩固自己的巴菲特第一追随者地位的瞬间。

思派雅 2014 年出版了《价值投资者所要学习的内容》（Education of Value Investor）一书。如书名所示，他将自己作为投资者的失败经历以及学到的东西等都坦诚地写在了书中。该书内容充实且易读，值得阅读。在本书中，思派雅对投资进行了各种考察，但其中令我感到有趣的则是他强调的"进行投资判断的场所的重要性"。

◇ 创立对冲基金之初，思派雅的办公室就设在纽约市中心。他认为对冲基金汇集的纽约是最好的场所。

◇ 但是，由于纽约是世界金融的中心，因此它的喧闹与压力也会扰乱投资者的心，以至投资者不能做出正确的判断。

◇ 这时，当他再次对巴菲特的投资手法进行研究时，才发现巴菲特是在奥哈马——一个远离纽约这一金融中心的地方进行投资判断的。那是一个能让投资者从喧嚣与压力中解放出来、调整心态并进行判断的地方。他觉得那正是他现在所想要的。

◇ 最后，他决定将纽约的办公室转移到瑞士。瑞士虽然没有奥哈马那样的田园风情，但它远离喧嚣，能够让他冷静地进行投资判断。因此他才会有了后来的业绩表现。

大多数对冲基金都以纽约为据点，因为那里是资本、人才、情报等所有方面的资源汇集的地方。而且它的优势还在于能够容易构建起成为鉴别力根源的社交网。

正如思派雅所说，在四周都是与财经有关的人士、时常被金融街特有的喧嚣与压力包围的环境中，投资者很难调整自我心态，从而做出独立判断。在这一点上，无论巴菲特身在纽约还是奥哈马，以他超级明星投资者的身份，都能获得重要情报。因此巴菲特选择远离喧嚣的纽约，在奥哈马做出投资判断是非常合理的。当然，因为巴菲特是明星投资者，所以自然能够获得情报，而对于那些不是明星的投资者来说，他们需要用纽约具有"情报资源丰富"的优势，与奥哈马具有的"投资者能够调整心态的环境"进行交换。从这一交换上看，已经确立了明星投资者地位的思派雅更加重视后者。

对于个人投资者来说，为了投资，从居住的大都市迁居至乡村是不现实的。但是，在做出重要的投资判断时，暂时远离都市的喧嚣，在安静的海边沉思，最终得出结论，这种方法或许更好。

4. 深思熟虑的推荐

需要"为进行正确的判断而调整心态"的并不只有投资者，以经营者为首的广泛的商务专业人士都对此有着极大的需求。但是，大部分投资者以及经营者都移居奥哈马是不现实的，就连每次做出重要判断时都去海边也很困难。

在美国，忙碌的商务专业人士们所关注的调整心态的方法，就是冥想。例如，史蒂夫·乔布斯已经将冥想引入技术行业，这已经广为人知了。现在面向谷歌员工的冥想计划正在建设，它将会成为帮助从业员提升业绩的手段之一。提到冥想，人们或许会感觉词语中带着东方的神秘感，但现在我们所关注的冥想这一手段，与特定宗教并没有关系。我们所关注的，不过是它能创造出安静的时间，让人们能够利用呼吸法等技巧来调整心态，并由此使工作效率获得提升。通过冥想能够使大脑活性化——已经有报告提出了这一研究成果。这一科学根据，也是大家对其产生关注的要素之一。HBS 也利用大学校园内的健身房为学生们开办了冥想班。

在投资行业中，HBS 毕业、运营世界最大对冲基金的雷·达里欧，作为冥想第一人而广为人知。达里欧从学生时代起就一直在进行冥想，他曾断言说"我成功的首要原因就是冥想"。在达里欧运营的对冲基金中设有冥想室，他将冥想带入了基金的投资流程中。

达里欧的成功，也在华尔街点燃了冥想之火。最近，对冲基金将专业冥想师邀请到办公室为投资专家们进行授课。只要你能对此进行实践，你就能真切地感受到在此之后你在投资判断时心态上的调整。我也尝试了冥想，因为只是上了初级班，所以内容很简单。在此向大家进行介绍，冥想的步骤如下：

◇找一个能够一人独处的地方。也可以是空无一人的会议室。

◇调整呼吸。有节奏地进行深呼吸。

◇调整姿势。可坐可站，以自己感觉轻松的方式进行。

◇闭上眼睛，心无杂念。开始你会在脑中思考很多事，这样也没关系。

◇闭眼 20 分钟或 30 分钟后，你会心无杂念。

明星投资者也会在进行投资判断前使用冥想。你也来尝试用它控制自己吧！

5. 活学活用——确认风险的推荐

第三章介绍了在格林伍德教授的研究中提到的"有经验的基金经理不会受到 IT 泡沫的影响"。这暗示了在投资中要靠过去的经验说话的研究成果。另外，在实际实施投资判断时，人们会与此前所发生的认知偏差进行斗争。也就是说，虽然有过去的经验，但有时人们也可能会被认知偏差影响，妨碍其利用过去的经验。这时，控制自我最为有效的方法，就是根据过去的经验制作"检验清单"。有本名为《检验清单声明》的美国畅销书，这本书主要表明，在进行急救这一需要进行瞬间复杂判断的行为时，要充分利用好事先做好的所需的检验清单，从而大幅减少医疗事故。另外，书中还列举了很多领域中用检验清单来大幅减少失误的例子。这并非是将临场经验与知识记在头脑中，而是将它们全部写在纸上，在需要进行实际判断时做出全面的确认，这才是关键点。

这本《检验清单声明》在投资行业也受到了关注。将书中的概念转换为投资中的概念后，就能把自己过去的经验制作成检验清单，在进行投资判断前，对其进行逐一确认。无论有多少过去的经验，如果在投资判断时想不起来也没有任何意义。事先做好检验清单，就能够准确地加以利用。

检验清单是根据自己的经验或失败为基础制作的清单，所以是自己固有的产物。当然，从向其他投资者身上学习到的知识、概念等也应该反映在清单上。但个人的经验却是不可能与其他投资者相同的，因此这一部分是只有你才有的独特之处，这份清单的价值才会更高。为此，很多明星投资者都会将检验清单作为投资流程中的一环，前面提到的思派雅也是如此。据说思派雅的检验清单已经充实地写满了几页纸。

明星投资者也在使用投资检验清单。不要让你此前的所有经验白费，为了能够将它们活用于下一次投资中，你也在投资流程中加入这一检验清单吧！

理解动机——意识到"谁投资"

——————◎——————

1. 对非经济卖家的探索

个人投资者在投资时，只要利用剩余资金投资，不进行借债投资，那就不会成为非经济卖家。也就是说，一旦出现非经济卖家，那么买家就能够控制这一投资机会。如同第三章所介绍的，出现非经济卖家的交易，是最能够引起有鉴别力的投资者关注的投资机会，同时也是获得巨大收益的机会。这样的机会不可错过。

最应该令人关注的可能会造成非经济卖家出现的要点，就是被雇佣的投资者与其动机。被雇佣的投资者会在何时转换为非经济卖家呢？看清那一时刻就能找到巨大的投资机会。请以第三章介绍的非经济卖家产生的情况为基准进行扩充。

　　◇与被雇佣的投资者的制约条件相抵触的事项。

　　◇市场流动性枯竭时。

　　◇规制变更。

2. 看清投资者的企业鉴别力

并不是只有市场上的投资者才能够发挥鉴别力，出售股票、调度资金的企业家也能够发挥鉴别力。在这里我也为大家介绍了与其鉴别力根源有关的"投资者的不合理性""投资者对代理成本的过低评价"等的研究。企业可以利用这些机会，尽量提高自己企业的股票售价。当然，这种行为对于调度资金的企业而言是合理的。相反，对于投资者来说，需要在把握这种动机的同时慎重地选择投资对象。例如，在讨论投资时，要针对以下几点进行自问：

◇ 确认交易动机：为什么是在这一时间点（通过上市或增资）出售股票？

◇ 有无母子公司上市：这时是否对代理成本做出了过低评价？

◇ 如果没有母子公司上市的情况，那么该企业的代理成本是否有过高倾向？是否对其进行了过低评价？

对于投资者来说，企业就是投资对象，通过与企业经营者建立起双赢关系，两者才会成为使企业价值提升的伙伴。与此同时，不要忘记能够发挥鉴别力的交易的另一方——市场中的买家。

高级篇

在投资想法上进行对决——向选股策略发起挑战

———◎———

最后，在 HBS 教授的投资术之实践法的高级篇中，我们为大家介绍一下选股策略。

所谓策略，简单来说就是将自己最好的想法展现给有投资权的人。以明星投资者为首的众多对冲基金，都会将选股策略作为其投资流程中的一环。例如，在对冲基金中，投资负责人会为投资组合经理们提供选股策略。如果自己的想法被采用，那么投资负责人就会与投资的基金建立联系。如果这一品种的表现符合预期，那么这就会成为投资负责人的业绩。

在 HBS，以成为专业投资人士为目标的学生们，也会锻炼其在这一方面的能力。学校也会提供投资俱乐部这一场所，为培育投资专业人士做出贡献。HBS 内的投资俱乐部是由学生主导的众多俱乐部之一，但它不仅仅是俱乐部，它也是实际利用资金、进行金融运作的真正的基金。俱乐部里还有以二年级学生为主的投资委员会。投资俱乐部的会员会为投资委员会提供选股策略。

用详细的实例对选股策略进行说明，会更令人印象深刻，下面列举了简单的选股策略。

下午 5 点，地点为 HBS 的内部教室。一年级学生的教室（约容纳 100 人）里，大家为了确定位置自选座位。从教室后方看去，坐在右前方多媒体设备附近的，都是此次提出选股策略的投资委员会的成员们，通常是 4 ~ 5 人。而坐在中间偏左的位置上的，则是以二年级学生为中心的投资委员会的成员。而坐在后排直到开始前都在谈天说地、阅读案例分析的，则是其他成员。在授课上尤其重视时间的 HBS，在俱乐部活动中却谈不上守时。很多人在活动开始后依然进进出出。他们会按照每分钟的进程将各种活动写入安排表，并且当大家判断该活动无聊时，就会尽早"止损"。这就是 HBS 流派。

下午 5 点 10 分，投资策略会议开始。在简单的寒暄之后，投资委员会的成员 A 登上了讲坛。大部分同学都是竭尽全力制作研讨会资料的，而投资策略说明会也正是以此为基础进行下去的。有时也会出现没有做丝毫准备、只带着手写稿登台的学生。无论他们以何种形式登场，在这个舞台上都无关紧要。这里决定胜负的关键，是你的思想。

投资策略总是以结论作为开始，这是法则。A 开始阐述：

> "我推荐（多头）购买 X 技术公司的股票。该股票目前的市场价是 10 美元，但其价值却应为 15 美元，该股预期会在一年内上涨 50%。其触媒就是年内预计推出的新产品的大卖。"

在这段话中浓缩了投资策略的精华。也就是说：

◇是买还是卖（是便宜还是贵）？

◇在多久的投资期内能够获得多大的收益？

◇为什么市场出现了错误？

◇市场会在怎样的契机下发现这一错误（触媒）？

投资策略如同其名，主要是对上市股票进行的投资提案，因此在架构投资战略的基础上，"特定投资方法"所产生的后果极为少见。但是，在空头投资方案中，需要考虑卖空所需的保证金成本等，这相较于多头投资约束较多，难度相对较高（在投资俱乐部中进行投资策略时，推荐空头操作的情况大约只有 1/4 或 1/5）。

从投资期限和收益率上来说，自然是投资期限越短、回报率越高越好。在投资俱乐部（以及普通的对冲基金）中会出现人员、时间和资金方面的限制，既没有可供详细调查的多种策略，也没有用以投资的资金。即便对收益低的品种进行投资的准确率高，对投资俱乐部来说也是在浪费时间。

投资期限与触媒直接相关。即便股价翻倍，但如果这一期限是 20 年的话，那么其年利率也只有 4%。无论是公布决算、发布新品还是政治事件，只要不能说明特定的投资期限，该投资策略的说服力就会减半。

结论之后要对公司概要、商务模式、市场与其根本价值（预计股价）的背离进行说明。在说明股价差异时大多采用的手法，是对这一公司 5 年内的财务指标做出预测，然后再对其现金股价进行逆推。在预测收益这一部分，要对自己的预测与市场证券分析师的预测进行比较说明。即便你竭尽全力甚至用表格制作的收益预测模型也很难展现出所有细节。因此要舍弃大部分，只保留重要的前提指标，例如销售额增长率、成本比例、净利润、公司负债与调度成本等。

A 继续发言：

"市场上的证券分析师预计 X 公司的新产品的平均销售增长率为 10%，并以此为基准制定了股价。但是，这只是一个极为保守的数字。后面我将详细说明。根据各种调查，我发现该商品是划时代的产品，从扩大市场与市场份额两方面的因素看，其销售额的增长率要比卖家所预测的还要多 30%。随着销售额的上涨，该商品的成本就会降低，将这效果也融入 1 年后的股票中，那么每股收益约上升 50%，预计每股收益为 1 美元。我们假定 1 年后的 PER 仍然维持 15 倍不变，那么股价就会变为 15 美元，与现在的 10 美元相比还有 50% 的上升空间。"

说明时间是 10 分钟，这一时间已经足够将投资中的精华部分表述出来。之后就是他与投资委员会成员或其他成员之间的答疑时间。不仅是讨论投资策略时如此，其他企划说明会也有此环节，这时提问的数量就是衡量人们对此关心程度的基准。如果是知名度高的品种，那么参加者在把握要点时就很容易进入谈论的核心，大家在交换意见时也会变得活跃起来。因此，刚开始提问时就要深入主题。例如："你说 X 公司的新产品是划时代的，但 Y 公司在一个月后也会发布相同的产品，我认为市场是将这一影响计算在内才给出了销售额增长率是 10% 的预测。那么按照你的分析，你要怎样把 Y 公司的生意加进去呢？"

对大品种股票进行跟踪的证券分析师很多，你很难从他们的一致意见中找出合理的结论，这是一个缺点。

因此，在提出投资策略时，出现的通常都是不太为人所知的小型股票。另外，专业学生在提出投资策略时，也会选择美国人所不熟悉的自己国家的股票品种。无论是哪种情况，它们大多不包括具有高质量的卖方。选择知名度不高的品种，虽然能够在初始引起成员们的关注，但在其后的答疑环节却会被问到有关其商业模式、市场特征等，这样非常浪费时间，还容易变成单纯的讨论，这是其缺点。

对于投资委员会的成员来说，这一判断关系到是否会真的参与实际的投资组合，因此他们的提问会极为认真。在旁观者看来，这些问题大多相当严苛。而不论你的投资策略如何，决定胜负的关键都在于你对于这些问题的应答，可谓是真正的投资想法上的决斗。

问答环节的时间限制在 10 ～ 15 分钟。当天不会马上得出结论，而是事后发布在网上。当时在场的投资委员会成员们会对这些投资策略进行投票。根据投票结果，投资委员会成员们会决定是否进行这种投资，被采用的选股策略会在事后发表。

以上是对典型的选股策略进行的描写，相信大家心里也已经有了印象。在 HBS，大家在讨论案例时会非常认真，在实施选股策略这一想法上的对决更是认真。我希望能够将这种气氛带给大家。

全世界的基金都是这样进行操作的。你的投资想法有多么简洁、明了，是否能够传达给当权者并且说服他们？当你的投资想法受到严苛的质疑之时，你有多么冷静，是否能够明确地提出反驳意见？

如果将这一流程中的"个人的投资想法"换成"个人发言"，那么它就与 HBS 的案例学习讨论时所需的发言技巧完全一致；如果将"投资想法"换成"商业想法"，那么它就与专业商务人士所追求的技能相一致。也就是说，通过锻炼制定选股策略的能力，会使一般的商务技能随着投资技能的提升而提升。

正如案例分析无法一个人进行讨论一样，选股策略也不能一个人进行。选股者的选股策略要获得回馈、受到质疑，这样才能被称为选股者策略。但并不一定要像 HBS 的教室一样需要几十人，即便只有几个人也能获得绝佳效果。HBS 设立了投资俱乐部，明星投资者也能与其他的投资者一起，为大家提供一个将自己的投资想法变成选股策略的场所。这是对你成长最大的帮助。

明星投资者一直不断奋战，他们锻炼自己的想法这一对决技能。大家想在成为明星投资者并登上一个新的台阶时发现与你志同道合的个人投资者，并且设立一个能够提出选股策略的场地。

后　记

格林伍德教授所教的课程的最后，是与日本国债的空头战略相关的案例分析。

案例分析中的主人公，是明星投资者卡尔·巴斯。他所经营的海曼基金，经常会被日本媒体报道。在雷曼兄弟公司破产危机爆发前，他事先察觉到了美国房地产业的经济泡沫，对次贷相关证券进行空头操作，最终获得了巨额利润。最近他还对日本的财政漏洞和随之出现的国债暴跌做出了警告。媒体报道了他对日本国债进行空头操作这一消息，使其备受瞩目。格林伍德教授与巴斯是相识好友，他也曾作为我们的课堂嘉宾登上过讲台。

通过对冲基金对日本国债进行空头操作，由来已久。在过去的20年里，众多对冲基金都在宣扬日本的财政漏洞与国债暴跌论。但实际上，日本国债非但没有暴跌，其价格反而在一路上涨。最终，坚持对日本国债进行空头战略的对冲基金，始终在延续着20年以来的恶梦。

因此，很多专业投资人士都对巴斯提出的"空头"言论抱有怀疑态度。

即便如此，巴斯还是认为目前正存在触媒。我们在案例分析时也列举了诸多要点。这些要点不仅使财政赤字不断扩大，而且使这一数值也达到了临界点；由于少子高龄化问题的加剧，日本国内将无法支撑此前的债务等。巴斯的论点并没有什么新颖之处，但却对日本现状进行了深刻的分析与理解。

在班级讨论中，财经出身的学生人数占了大半，虽然他们也非常清楚日本的严峻现状，但还是有人质疑巴斯所说的找到触媒的可能性。格林伍德教授给了我这位班里唯一的日本人多次发言的机会，我也尝试对巴斯的言论进行了驳斥。讨论始终在正反两方间进行，在格林伍德教授总结之后，课程结束了。

之后，如同每次那样，学生们围住了客座嘉宾巴斯。我也和其他学生们一起与巴斯打了招呼，然后又对课堂上的发言进行了简单的意见交换。在临走告别时，巴斯这样对我说："我也希望我的投资战略是错误的。我希望你们能够向我证明，我的投资战略是错误的。"

对于还在梦想成为专业投资者的我来说，这样的留学体验成了让我执笔写作投资相关书籍的一个契机。在前言中我也提到过，日本是个人金融资产达到 1700 兆日元的资产国家。如何活用这一庞大的资产并使其增值，毫不夸张地说，它会左右日本今后的去向。我认为其中的关键就是"提高投资力"。如果每个负责资产的人的投资力都得到了提高，那么这不仅会增加每个人的财富，还会带动整个国家的成长，甚至还会影响世界经济，也就是说，日本会在成为资产国家的同时，也成为投资国家。

从留学时代直至现今，我经常会思考如何在"提高投资力"方面做出贡献。当然，其前提是我必须作为一名专业投资人士，在全球化的竞技场上成为活跃的投资者，并通过这一行业获得成长。我在思考自己是否能够超出现有水平去利用自己的经验，最终我写作了这本书。通过对 HBS 教授的投资理论进行简明易懂的解释与介绍，我希望能够帮助大家对投资这一令人感觉晦涩难懂的领域产生兴趣，也期盼本书能够为有志成为专业投资人士和活跃于全球投资领域的人们带来契机。

如果您能通过本书对投资的魅力稍有感受，那也是我对"提高投资力"做出的一点绵薄贡献，我将不胜感激，感谢您读完此书。

本书在首次出版时获得了多方协助，借此机会，我向大家表示深深感谢。在此，对给予我写作机会、从企划阶段开始就热情地为我提供帮助的 CCC 媒体屋的书刊编辑部长鹤田宽之，不断为我带来灵感之源的 HBS 明星教授团队，以及即将成为未来的投资者的同学们和在出版本书时对我多有照顾的各位工作人员们，致以由衷的感谢。

由于多方的支持，本书才能得以出版。我会对本书所写的内容负全责。本书观点为作者个人观点，与所述组织等无关。

最后，对无论何时何地都给予我温暖守护的父母、从十岁相识起就一直与我携手并进的妻子英子以及我的儿子贤史等亲人表示感谢，就此搁笔。

中泽知宽

2016 年 6 月于纽约曼哈顿